"十三五"职业教育规划教材

基础会计实务

编著　杨淑芝
主审　崔玉英

内 容 提 要

本书为“十三五”职业教育规划教材。全书共分 8 章，主要内容包括会计基础知识、会计书写方式、会计要素与会计等式、会计科目与借贷记账法、建账、会计账簿和财务会计报表、主要经济业务核算、会计模拟实训等。本书把抽象的概念通过凭证、账页、账簿、报表的形式体现出来，从内容到形式上真正符合读者学习的特点和要求，帮助读者全面了解会计工作的思路，熟悉会计内涵与流程，掌握会计基本技能。

本书可作为高职高专院校会计专业及相关专业的教材，也可作为社会各界初学会计人员的自学用书。

图书在版编目（CIP）数据

基础会计实务 / 杨淑芝编著. —北京：中国电力出版社，2015.10

“十三五”职业教育规划教材

ISBN 978-7-5123-8193-3

Ⅰ. ①基…　Ⅱ. ①杨…　Ⅲ. ①会计实务－高等职业教育－教材　Ⅳ. ①F233

中国版本图书馆 CIP 数据核字（2015）第 202865 号

中国电力出版社出版、发行

（北京市东城区北京站西街 19 号　100005　http://www.cepp.sgcc.com.cn）

北京雁林吉兆印刷有限公司印刷

各地新华书店经售

*

2015 年 10 月第一版　　2015 年 10 月北京第一次印刷

787 毫米×1092 毫米　16 开本　17 印张　411 千字

定价 **35.00** 元

前 言

随着社会经济的发展，会计在经济社会中的地位越来越重要，这就要求会计在理论和实务上不断推陈出新。会计基础是一门实践性和应用性较强的课程，作为一门与实际工作结合紧密的学科，通过学生自己动手是检验学生掌握这门技能的最好试金石，这样才能真正做到学有所用。我们采用理论与实际相结合的教学模式，通过实践将理论深化，以此提高学生学习的积极性和教学的针对性。

会计基础知识对新接触的学生来讲，比较抽象、难懂，不懂怎么记账，不懂什么是借、什么是贷，不懂科目是什么、账户是什么、凭证怎么填写、账簿怎么登记等。在会计的实际工作中，经常被各种会计理论知识、税务知识、经济管理知识以及形形色色的相关法律法规弄得手足无措，不知从何处下手。因此本书就此情况教读者先认识会计基础知识再了解它，然后理解它，力求从内容到形式上真正符合读者学习的特点和要求，有新的突破。

本书首先讲述如何建账，通过建账了解会计科目、账页、账簿；再按照经济业务实训与岗位训练同时跟进的原则，即按如下流程进行训练：准备相关资料→会计基础知识→建账→经济业务→登账→对账→会计报表，通过这样的方式走进会计工作的情景中，把这些抽象的东西直接通过凭证、账页、账簿、报表的形式体现出来，依此全面了解会计工作的思路，熟悉会计内涵与流程，掌握会计基本技能。

依照这种独特的教学法，学生可以具备在企业担任会计的操作技能，对着企业真实的财务凭证进行做账、登账、对账。本书在设计上力图使专业知识和复杂的会计问题简单化，使之通俗易懂，让读者尽可能在较短的时间内掌握会计基础知识与技能。

本书在编写过程中，借鉴和参考了大量相关书籍和教材，并得到了内蒙古建筑职业技术学院各位领导和老师的大力帮助，在此一并表示诚挚的感谢。由于作者水平有限，加之时间仓促，书中难免有不妥之处，敬请广大读者朋友批评指正，并由衷地欢迎诸位同仁不吝赐教。

编者

2015 年 8 月

目　录

第1章 会计基础知识

会计最早是因人类生产活动的客观需要而产生和发展的，是人类社会发展到一定阶段的产物。我们可以以会计一词上的字解释，"会"是多音字，即"kuai"和"hui"，可以将"会hui"理解为"汇"，即汇总，将零散的汇总在一起；"会kuai"，理解为"快"，即快速，就是取得的会计信息及时准确，因此，"会"即为将零散的会计信息及时准确地汇总在一起。"计"字，由"言"和"十"两字合成，"言"字代表的是一种心声，是从心底里发出的声音，与"说"是不同的，因此它必须是真实而正确的，一就是一，不能说是二，即只有真实没有隐瞒的"说"才能称之为"言"。所言与数目相关，就构成了计算方面的真实与正确性，这样就有了"计"字。"会计"和在一起，即以"零星算之为计，总合算之为会"，表达了人类生产劳动成果中零星分散之财物汇总起来进行正确和真实地加以计算的含义。

在我国，大约在原始社会末期，随着生产的发展，生产有了剩余，为了记录劳动成果的数量，就采用了"结绳记事""刻契记数"等简单计量方法。

进入21世纪，我国经济市场化程度和全球化程度又上了一个新的水平。20世纪末期出现的亚洲金融危机，显示出会计信息披露的重要性。20世纪90年代以来，信息技术与网络技术的飞速发展和知识经济的到来，极大地改变了传统会计的存在环境。新的经济形态和生产方式正在产生，虚拟企业、知识资本、电子货币、数字产品等新的概念开始进入会计领域，所有这些，都给会计发展带来了新的前景。到目前，会计改革思路有了重大调整，由建立企业会计制度体系为主转变为以建立企业会计准则体系为主。

1.1 会计职能

会计是以货币为主要计量单位，以凭证为依据，运用一系列专门的技术方法，对一定主体的经济活动进行连续、全面、系统、综合地反映和监督，并向相关会计信息使用者提供会计信息的一种经济管理活动。

在商品经济社会，货币作为商品的一般等价物，是衡量一切商品价值的共同尺度。货币具有价值尺度、流通手段、贮藏手段和支付手段等特点。各种各样的商品，尽管计量单位千差万别，有质量、长度、容积、台（件）等，无法在量上比较，但是都可以用货币来计量。各种经济活动尤其是表现为实物商品运动的经济活动，如机器设备、厂房和其他财物的进出核算等，采用货币为计量单位，可以在量上进行比较，便于对实物进行计量、计算和管理。会计核算要对经济活动进行记录、计量、比较、汇总等，要全面、完整地反映经济活动的全过程，在客观上需要一种统一的计量单位作为计量的尺度。以货币作为会计记账单位，也就是使经济活动统一地表现为货币资金的运作，能够全面、完整地反映单位的财务状况、经营成果及其变动情况。因此，尽管会计产生于货币之前，但货币一经产生便成为会计核算的计量单位。实物计量单位指不同会计计量标准所运用的各种量度单位，是会计计量对象可计量性的特征之一，是会计计量运用不同计量标准实施会计计量的前提条件，包括标准实物单位、自然单位、度量衡单位。劳动量单位是用劳动时间表示的计量单位。利用劳动量单位可以计算劳动总消耗量，并作为评价劳动时间利用程度和计算劳动生产率的依据，也可以用来编制和检查基层企业的生产作业计划，如机械企业制定的定额工时产量。

会计职能是会计在经济管理活动中所具有的功能。它是在不断发展变化的，随着经济的发展，会计越来越重要，会计职能也相应有所扩展。会计核算是会计最基本的职能。会计的核算职能是指主要运用货币计量的形式，通过确认、计量、记录和报告，从数量上连续、系统和完整地反映各单位已经发生或完成的经济活动情况，为加强经济管理和提高经济效益提供会计信息。会计核算主要以货币为计量单位，主要核算已经发生或已经完成的经济活动记录，只是会计核算的基础，而不是会计核算的全部。企业会计核算具有连续性、完整性、系统性。会计的监督职能是指在核算经济活动情况的同时，利用会计核算所提供的会计信息对各单位的经济活动全过程的合法性、合理性和有效性进行的控制和指导。会计监督是对经济活动全过程的监督。会计主要利用货币计价进行监督，也进行实物监督。

除此之外，会计还有其他职能，如参与企业经济前景预测、决策以及考核、评价等。

（1）做好企业当前经营和长期规划的经济前景预测。一个企业只有对当前和长远目标作出客观的预测，才能为企业决策者提供第一手信息。管理会计要对企业经济规模、投入产出、现金流量、市场调研等经济指标作出较为实际的预测，供企业决策者参考。

（2）建立经济指标体系，落实经济责任制，控制经营全过程。根据企业经营目标，分别落实到各部门。采用比价采购、倒推目标成本等方法，具体下达经济责任指标。建立一整套系统的指标体系，使企业内部各个利润中心职责明晰，并对完成情况适时进行分析、反馈，及时优化各个环节的工作，确保目标的完成。

（3）做好资金筹集工作，加强现金流量管理。资金是企业的血液。管理会计应选择低风险、低成本的最优融资方案，为企业注入新鲜血液。相反，一个企业盈利水平再高，但缺乏资金筹划和资金管理，该回笼的资金不能及时收回，造成企业缺血，也会给企业带来致命的打击。因而在做好资金筹集的同时，必须切实加强现金流量管理，抓住生产经营各个环节，降低库存，加大销售力度，确保企业资金周转流畅。

（4）建立严谨的核算议价体系，加大奖惩力度。现代企业管理十分注重充分调动人的积极性，从而贯彻落实企业经济目标。这就需要建立责任会计制度，按照各自的经济责任，做到人人肩上有指标，责权利相结合，以经济手段奖惩、控制各级企业组织行为，不断完善工作，发挥人的主观能动性。

（5）参与企业经济决策。决策是企业经营管理的中心，也是各部门的主要工作职责，怎样为企业决策者提供准确的决策信息，是各职能管理部门的中心工作之一。管理会计师作为企业的财务战略军师，要从经济专业上利用成本形态分析、量本利分析等动态、静态指标方法，对长短期投资、生产、定价等做好经济决策的前期预测。

小阅读

1. 会计的基本职能—财务会计应具备的职能

（1）核算（反映职能）。

1）三个重要环节：

a）确认（初始确认和后续确认）的是定性。

b）计量（记录和计算）解决的是定量。

c）报告解决的是结果。

2）核算职能特点：

a）为经济管理提供可靠依据。

b）为经济决策和管理控制提供依据。

c）会计信息应具有完整性，连续性和系统性。

（2）监督（控制职能）。

监督是对合法性和合理性所实施的审查。

利用核算职能进行货币监督，包括事前监督、事中监督和事后监督。

两者之间存在的关系：核算是监督的基础，监督是核算的保证。

2. 会计的其他职能—管理会计应具备的职能

（1）预测经济前景。

（2）参与经济决策。

（3）进行经济控制。

（4）评价经营业绩。

1.2 会 计 对 象

会计对象是指会计核算和监督的内容，即会计工作的客体。由于会计需要以货币为主要计量单位，对特定会计主体的经济活动进行核算和监督，因而会计并不能核算和监督社会再生产过程中的所有经济活动，而只能核算和监督社会再生产过程中能够用货币表现的各项经济活动，即凡是特定主体能够以货币表现的经济活动，都是会计核算和监督的内容，也就是会计的对象。以货币表现的经济活动通常又称为价值运动或资金运动，是在企业再生产过程中能以货币形式表现的经济活动，也就是企业再生产过程中的资金运动。会计的对象并不是一成不变的，而是随着会计的发展而变化的（简而言之，并非所有的经济运动都是会计对象，凡是以货币表现的经济运动才是会计对象）。

以制造业企业为例来说明其会计对象。制造业企业进行生产经营活动，首先要用货币资金去购买生产设备和材料物资为生产过程做准备，然后将其投入到企业生产过程中生产出产品，最后还要将所生产出来的产品对外出售并收回因出售产品而取得的货币资金。这样，制造业企业的资金就陆续经过供应过程、生产过程和销售过程，其形态也随之而发生变化。用货币购买生产设备、材料物资的时候，货币资金转化为固定资金、储备资金；车间生产产品领用材料物资时，储备资金又转化为生产资金；将车间加工完毕的产品验收入库后，此时，生产资金又转化为成品资金；将成品出售收回货币资金时，成品资金又转化为货币资金。我们把资金从货币形态开始，依次经过储备资金、生产资金、成品资金，最后又回到货币资金这一运动过程叫做资金循环，周而复始的资金循环叫做资金周转。实际上，企业的生产经营过程是周而复始、不间断进行的，即企业不断地投入原材料、不断地加工产品、不断地销售产品，其资金也是不断循环周转的。

上述资金循环和周转过程，也可以划分为三个具体阶段，即供应阶段、生产阶段和销售阶段。工业企业的资金在供、产、销三个阶段不断地循环周转，这些资金在空间序列上同时并存，在时间序列上依次继起。企业资金在供应、生产和销售三个阶段上的循环和周转，支撑着企业的正常运营。

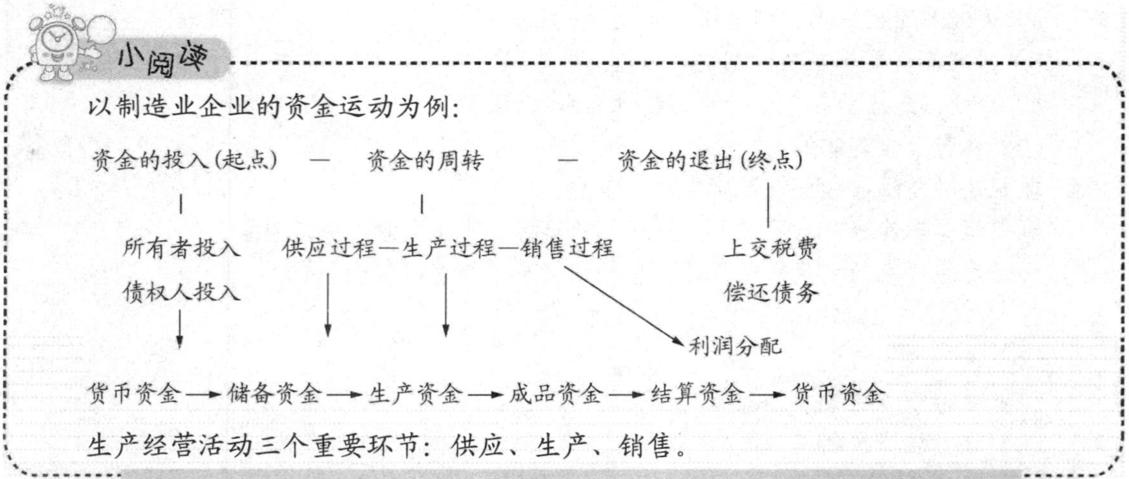

（1）制造业企业就整个企业的资金运动而言，资金的循环周转还应该包括资金的投入和资金的退出。资金的投入是指资金进入企业。企业进行经营生产活动的前提是必须拥有一定数量的资金，投入包括投资者的资金投入和债权人的资金投入。前者构成了企业的所有者权益，后者构成了企业的债权人权益，即企业的负债。投入企业的资金一部分形成流动资产，另一部分形成企业的固定资产等非流动资产。资金的退出是指资金退出企业的资金循环和周转，它包括按法定程序返回投资者的投资、偿还各项债务、上缴税费、向所有者分配利润等内容，这是一部分资金离开企业，游离于企业资金运动之外。

资金的投入、运用和退出是资金运动的三个阶段，三者相互支撑，构成一个统一体。没有资金的投入，也就没有资金的运用；没有资金的运用，就没有资金的退出。

制造业企业因资金的投入、运用和退出等经济活动而引起的各项财产和资源的增减变化情况，以及企业销售收入的取得和企业纯收入的实现、分配情况，构成了制造业企业会计的具体对象。

制造业企业的资金运动如图 1-1 所示。

（2）商品流通企业与制造业企业相比，其经营活动缺少产品生产环节。商品流通企业的经营过程主要分为商品购进和商品销售两个环节。在前一个环节中，主要是采购商品，此时货币资金转换为商品资金；在后一个环节中，主要是销售商品，此时资金又由商品资金转换为货币资金。在企业经营过程中，也要消耗一定的人力、物力和财力，它们表现为商品流通费用。在销售过程中，也会获得销售收入和实现经营成果。因此，商品流通的资金是沿着“货币资金→商品资金→货币资金”方式运动。

商品流通企业的资金运动如图 1-2 所示。

（3）行政事业单位为完成国家交给的任务，同样需要一定数额的资金，但其资金主要来源于国家财政拨款。行政、事业单位在正常业务活动过程中，所消耗的人力、物力和财力的

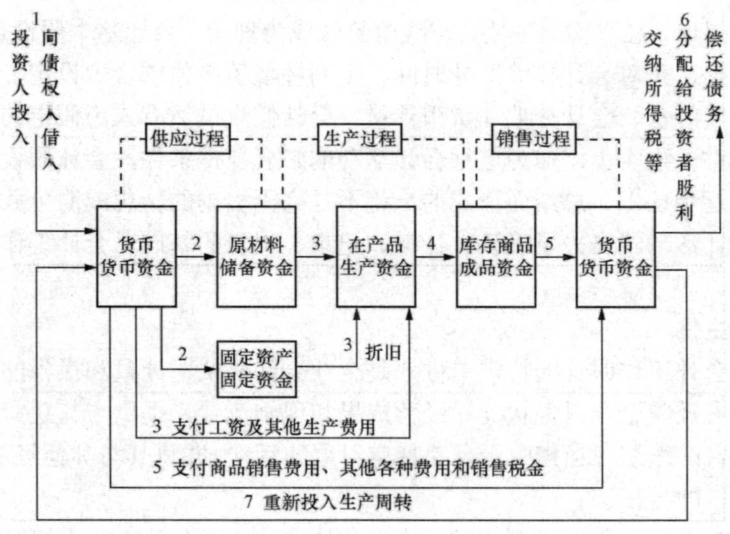

图 1-1　制造业企业的资金运动

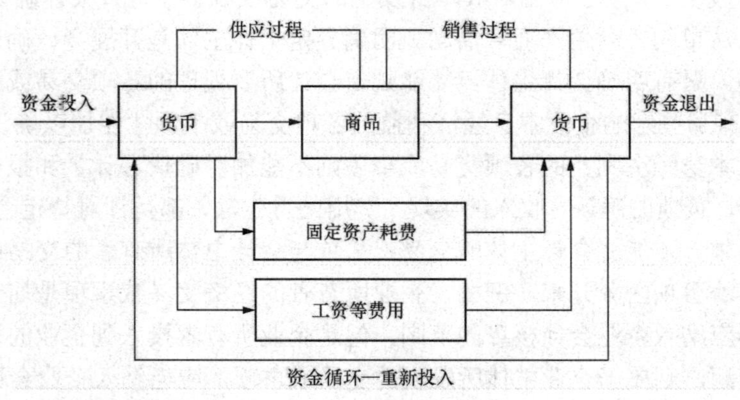

图 1-2　商品流通企业的资金运动

货币表现，即为行政费用和业务费用。一般来说，行政事业单位没有或只有很少一部分业务收入。因此，行政事业单位的经济活动一方面按预算从国家财政取得拨入资金；另一方面又按预算以货币资金支付各项费用。其资金运动的形式是“资金拨入→资金付出”。由此可见，行政事业单位会计对象的内容就是预算资金及其收支。

因此，不论是制造业企业、商业流通企业，还是行政事业单位，都是社会再生产过程中的基层单位，会计反映和监督的对象都是资金及其运动过程，正因为如此，可以把会计对象概括为社会再生产过程中的资金运动。

把会计对象、会计要素和会计科目这三个概念联系起来看，“会计实务”实际上就是一门分类的科学。只要我们能把每一项经济业务恰当地分好类，把它们记到该记的科目中去，学习会计实务的目的也就达到了。

1.3　会计基本假设

为什么要对会计进行假设呢？何谓假设？假设即科学研究上对客观事物的假定的说明。

假设要根据事实提出，经过实验证明、实践检验就成为理论。会计基本假设是企业会计确认、计量和报告的前提，是对会计核算所处时间、空间环境等所作的合理设定。会计基本假设包括会计主体、持续经营、会计分期和货币计量。会计假设虽然有人为假定的一面，但是并不因此影响其客观性。事实上，作为进行会计活动的必要前提条件，会计假设是会计人员在长期的会计实践中逐步认识、总结而形成的，绝不是毫无根据的猜想或简单武断的规定。离开了会计假设，会计活动就失去了确认、计量、记录、报告的基础，会计工作就会陷入混乱甚至难以进行。

1.3.1 会计主体

会计主体是会计工作服务的特定单位，是企业会计确认、计量和报告的空间范围。为了向财务报告使用者反映企业财务状况、经营成果和现金流量，提供与其决策有用的信息，会计核算和财务报告的编制应当集中于反映特定对象的活动，并将其与其他经济实体区别开来，才能实现财务报告的目标。

一般来说，法人（或称法律主体）可作为会计主体，但会计主体不绝对是法人。

在会计主体假设下，企业应当对其本身发生的交易或者事项进行会计确认、计量和报告，反映企业本身所从事的各项生产经营活动。明确界定会计主体是开展会计确认、计量和报告工作的重要前提。只有明确会计主体，才能划定会计所要处理的各项交易或事项的范围。在会计工作中，只有那些影响企业本身经济利益的各项交易或事项才能加以确认、计量和报告，那些不影响企业本身经济利益的各项交易或事项则不能加以确认、计量和报告。会计工作中通常所讲的资产、负债的确认，收入的实现，费用的发生等，都是针对特定会计主体而言的；只有明确会计主体，才能将会计主体的交易或事项与会计主体所有者的交易或事项以及其他会计主体的交易或事项区分开来。例如，企业所有者的经济交易或事项是届于企业所有者主体所发生的，不应纳入企业会计核算的范围，但是企业所有者投入到企业的资本或者企业向所有者分配的利润，则属于企业主体所发生的交易或事项，应当纳入企业会计核算的范围。

会计主体不同于法律主体。一般来说，法律主体必然是一个会计主体。例如一个企业作为一个法律主体，应当建立财务会计系统，独立反映其财务状况、经营成果和现金流量。但是，会计主体不一定是法律主体。例如，在企业集团的情况下，一个母公司拥有若干子公司，母、子公司虽然是不同的法律主体，但是母公司对于子公司拥有控制权，为了全面反映企业集团的财务状况、经营成果和现金流量，就有必要将企业集团作为一个会计主体，编制合并财务报表。再如，由企业管理的证券投资基金、企业年金基金等，尽管不属于法律主体，但属于会计主体，应当对每项基金进行会计确认、计量和报告。

1.3.2 持续经营

持续经营是指会计主体的生产经营活动将无期限持续下去，在可以预见的将来不会面临破产和清算。在持续经营前提下，会计确认、计量和报告应当以企业持续、正常的生产经营活动为前提。

企业是否持续经营，在会计原则、会计方法的选择上有很大差别。一般情况下，应当假定企业将会按照当前的规模和状态继续经营下去。明确这个基本假设，就意味着会计主体将按照既定用途使用资产，按照既定的合约条件清偿债务，会计人员就可以在此基础上选择会计原则和会计方法。如果判断企业会持续经营，就可以假定企业的固定资产会在持续经营的生产经营过程中长期发挥作用，并服务于生产经营过程，固定资产就可以根据历史成本进行记录，并采用折旧的方法，将历史成本分摊到各个会计期间或相关产品的成本中。如果判断企业不会持续经营，固定资产就不应采用历史成本进行记录并按期计提折旧。如某企业购入一条生产线，预计使用寿命为10年，考虑到企业将会持续经营下去，因此可以假定企业的固定资产会在持续的生产经营过程中长期发挥作用，并服务于生产经营过程，即不断地为企业生产产品，直至生产线使用寿命结束。为此固定资产就应当根据历史成本进行记录，并采用折旧的方法，将历史成本分摊到预计使用寿命期间所生产的相关产品成本中。

如果一个企业在不能持续经营时还假定企业能够持续经营，并仍按持续经营基本假设选择会计确认、计量和报告原则与方法，就不能客观地反映企业的财务状况、经营成果和现金流量，会误导会计信息使用者的经济决策。

1.3.3 会计分期

会计分期是将一个企业持续经营的生产经营活动划分为一个个连续的、长短相同的期间。会计分期的目的，在于通过会计期间的划分，将持续经营的生产经营活动划分成连续、相等的期间，据以结算盈亏，按期编制财务报告，从而及时向财务报告使用者提供有关企业财务状况、经营成果和现金流量的信息。

在会计分期假设下，企业应当划分会计期间，分期结算账目和编制财务报告。会计期间通常分为年度和中期。中期，是指短于一个完整的会计年度的报告期间。

根据持续经营假设，一个企业将按当前的规模和状态持续经营下去。但是，无论是企业的生产经营决策还是投资者、债权人等的决策都需要及时的信息，都需要将企业持续的生产经营活动划分为一个个连续的、长短相同的期间，分期确认、计量和报告企业的财务状况、经营成果和现金流量。明确会计分期假设意义重大。由于会计分期，才产生了当期与以前期间、以后期间的差别，才使不同类型的会计主体有了记账的基准，进而出现了折旧、摊销等会计处理方法。

1.3.4 货币计量

货币计量是在财务会计确认、计量和报告时以货币为基础进行计量来反映会计主体的生产经营活动。货币计量是企业在会计核算中要以货币为统一的主要的计量单位，记录和反映企业生产经营过程和经营成果。会计主体的经济活动是多种多样、错综复杂的。为了实现会计目的，必须综合反映会计主体的各项经济活动，这就要求有一个统一计量尺度。在会计的确认、计量和报告过程中选择货币为基础进行计量，是由货币的本身属性决定的。货币是商品的一般等价物，是衡量一般商品价值的共同尺度，具有价值尺度、流通手段、贮藏手段和支付手段等特点。其他计量单位，如质量、长度、容积、台（件）等，只能从一个侧面反映企业的生产经营情况，无法在总量上进行汇总和比较，不便于会计计量和经营管理。只有选择货币尺度进行计量才能充分反映企业的生产经营情况，所以，会计基本准则规定会计确认、计量和报告选择货币作为计量单位，会计在选择货币作为统一的计量尺度的同时，要以实物量度和劳动量度等作为辅助的计量尺度。

会计核算要以货币作为主要的计量尺度，《会计法》规定会计核算以人民币为记账本位币。业务收支以人民币以外的货币为主的单位，可以选定其中一种作为记账本位币，但是编报的财务会计报表应当折算为人民币。在以货币作为主要计量单位的同时，有必要也应当以实物量度作为补充。假定币值稳定，因为只有在币值稳定或相对稳定的情况下，不同时点上的资产的价值才有可比性，不同期间的收入和费用才能进行比较，并计算确定其经营成果，会计核算提供的会计信息才能真实反映会计主体的经济活动情况。

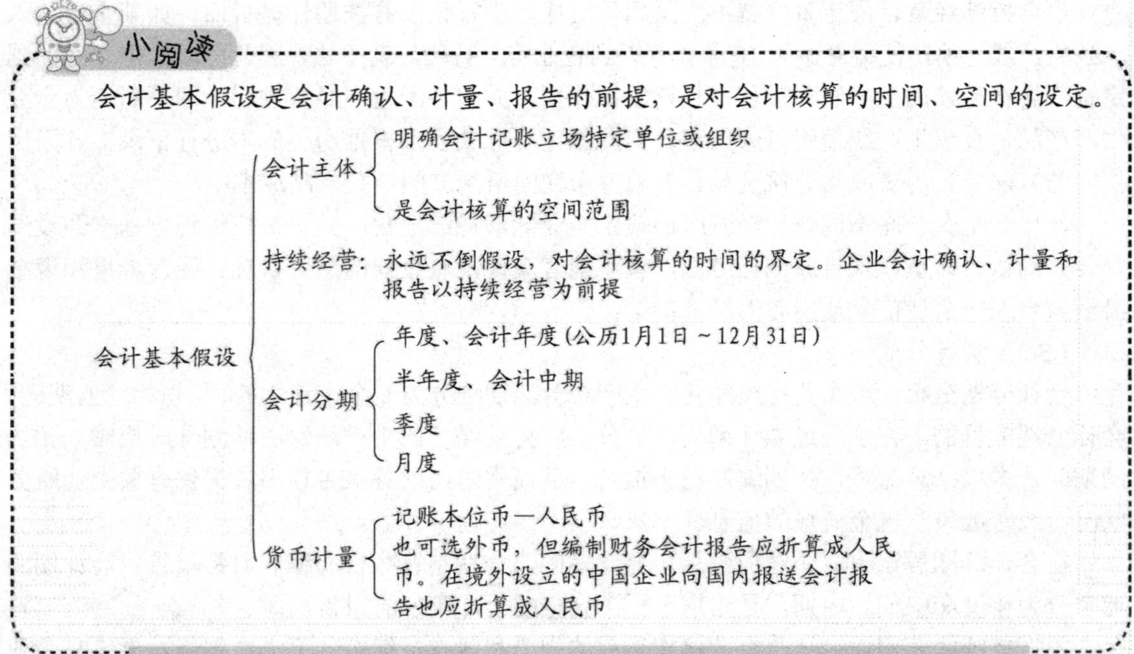

1.4 会 计 基 础

会计基础是会计事项的记账基础，是会计确认的某种标准方式，是单位收入和支出、费用确认的标准。对会计基础的不同选择，决定单位取得收入和发生支出在会计期间的配比，并直接影响到单位工作业绩和财务成果。

会计基础是在编制财务报表时，特别是为了确定收入和费用所归属的会计期间、确定资产负债表项目的金额，为运用适合于有关交易和项目的重大概念而提供的方法。

会计基础是一种计量标准，它不可能脱离会计体系整体而发挥作用，权责发生制的应用只有在有效的政府会计和财务报告制度框架下才有实际意义。

会计基础主要有两种，即收付实现制和权责发生制。

1. 收付实现制

收付实现制，又称现金制，是指企业单位对各项收入和费用的认定是以款项（包括现金和银行存款）的实际收付作为标准。凡属本期实际收到款项的收入和支付款项的费用，不管其是否应归属于本期，都应作为本期的收入和费用入账；反之，凡本期未实际收到的款项收入和未付出款项的支出，即使应归属于本期，也不应作为本期的收入和费用入账。采用这种会计处理制度，本期的收入和费用缺乏合理的配比，所计算的财务成果也不够正确，因此企业单位不宜采用收付实现制，其主要适用于行政事业单位。

2. 权责发生制

权责发生制，又称应收应付制、应计制，是指以权责发生为基础来确定本期收入和费用，而不是以款项的实际收付作为记账基础。凡是应属本期的收入和费用，不管其款项是否收付，均作为本期的收入和费用入账；反之，凡不属于本期的收入和费用，即使已收到款项或付出款项，都不应作为本期的收入和费用入账。在权责发生制下，每届会计期末，应对各项跨期收支作出调整，核算手续虽然较为麻烦，但能使各个期间的收入和费用实现合理的配比，所计量的财务成果也比较正确。因此，我国《企业会计准则》规定，企业单位会计核算应采用权责发生制。行政事业单位经营也采用权责发生制。

1.5 会计信息质量特征

会计信息质量特征也称会计信息质量要求、会计信息质量标准，是对企业财务报告中所提供的会计信息质量的基本要求，是使财务报告中所提供的会计信息对投资者等使用者决策有用应具备的基本特征。根据我国2006年颁布的《企业会计准则——基本准则》的规定，会计信息质量特征包括以下八项。

1.5.1 可靠性

可靠性，也称客观性、真实性，是对会计信息质量的一项基本要求。可靠性要求企业应当以实际发生的交易或事项为依据进行确认、计量和报告，如实反映符合确认和计量要求的各项会计要素及其他相关信息，保证会计信息真实可靠、内容完整。

企业提供会计信息的目的是满足会计信息使用者的决策需要，如果企业的会计核算不是以实际发生的交易或事项为依据，财务报告所提供的会计信息不可靠，没有如实反映企业的财务状况、经营成果和现金流量，会计工作就失去了意义，甚至会误导会计信息使用者，导致决策失误。

为了贯彻可靠性要求，企业应当以实际发生的交易或事项为依据进行确认、计量，将符合会计要素定义及确认条件的资产、负债、所有者权益、收入、费用和利润等如实反映在财务报表中。在符合重要性和成本效益原则的前提下，保证会计信息的完整性，不能随意遗漏或者减少应予披露的信息。会计人员应在统一标准的条件下将可能发生的误差降低到最低程度，以保证会计核算提供的会计资料真实可靠。

1.5.2 相关性

相关性，也称有用性，也是对会计信息质量的一项基本要求。相关性要求企业提供的会计信息应当与投资者等财务报告使用者的经济决策需要相关，有助于投资者等财务报告使用者对企业过去、现在或者未来的情况做出评价或预测。

会计信息的价值在于其与决策相关，有助于决策。相关的会计信息应当能够有助于使用者评价企业过去的决策，证实或者修正过去的有关预测，因而具有反馈价值。相关的会计信息还应当具有预测价值，有助于使用者根据财务报告所提供的会计信息预测企业未来的财务状况、经营成果和现金流量。如果会计信息提供以后，没有满足会计信息使用者的需要，对会计信息使用者的决策没有什么作用，就不具有相关性。

1.5.3 可理解性

可理解性，也称明晰性，是对会计信息质量的一项重要要求。可理解性要求企业提供的会计信息应当清晰明了，便于投资者等财务报告使用者理解和利用。

提供会计信息的目的在于使用，要使用会计信息首先必须了解会计信息的内涵，弄懂会计信息的内容，这就要求会计核算和财务会计报告必须清晰明了，易于理解。会计记录应当准确、清晰，填制会计凭证、登记会计账簿必须做到依据合法、账户对应关系清楚；文字摘要完整；在编制会计报告时，项目勾稽关系清楚、项目完整、数字准确。对于某些复杂的信息，如交易本身较为复杂或者会计处理较为复杂，但其与使用者的经济决策相关的，企业就应当在财务报告中予以充分披露。可理解性既是信息的一种质量标准，也是一个与信息使用者有关的质量标准。会计人员应尽可能传递易被人理解的会计信息，而使用者也应努力去研究这些信息，以增强理解会计信息的能力。

1.5.4 可比性

可比性也是对会计信息质量的一项重要要求。它要求企业提供的会计信息应当相互可比，主要包括两方面含义。

1. 同一企业在不同时期纵向可比

企业发生的交易或事项具有复杂性和多样化，对于某些交易或事项可以有多种会计核算方法。例如，存货的领用和发出，可以采用先进先出法、加权平均法、移动平均法、个别计价法等方法来确定其实际成本；固定资产折旧方法可以采用年限平均法、工作量法、年数总和法、双倍余额递减法等。可比性要求同一企业不同时期发生的相同或者相似的交易或事项，应当采用一致的会计政策，如果在不同的会计期间采用不同的会计核算方法，将不利于会计信息使用者比较企业不同时期的财务报表和明确企业财务状况及经营业绩的变化趋势，不利于会计信息作用的发挥。

在会计核算工作中要求会计方法前后各期应当保持一致，不得随意变更，并不意味着所选择的会计核算方法不能作任何变更，在符合一定条件的情况下，企业也可以变更会计核算方法，但应在企业财务会计报告中作相应披露。

2. 不同企业在同一时期横向可比

不同的企业可能处于不同行业、不同地区，经济业务发生于不同时点，为了保证会计信息能够满足决策的需要，便于比较不同企业的财务状况、经营成果和现金流量及其变动情况，可比性要求不同企业同一会计期间发生的相同或者相似的交易或事项，应当按照规定的会计处理方法进行，确保会计信息口径一致、相互可比，以使不同企业按照一致的确认、计量和报告要求提供有关会计信息。

1.5.5 实质重于形式

实质重于形式是指交易或事项的实质重于其法律表现形式。实质重于形式要求企业应当按照交易或事项的经济实质进行会计确认、计量和报告，不应仅以交易或事项的法律形式为依据。

在实际工作中，交易或事项的外在法律形式或人为形式并不总能完全真实地反映其实质内容。所以，会计信息要想反映真实的交易或事项，就必须根据交易或事项的实质和经济现实，而不能仅仅根据它们的法律形式。

例如，销售商品，企业将商品所有权上的主要风险和报酬转移给购货方，并同时满足收入确认的其他条件，则销售实现，应当确认收入；如果企业没有将商品所有权上的主要风险和报酬转移给购货方，或没有满足收入确认的其他条件，即使企业已将商品交付购货方，销售也没有实现，不应当确认收入。

如果企业的会计核算仅仅按照交易或事项的法律形式或人为形式进行，而其法律形式或人为形式又没有反映其经济实质和经济现实，那么，其最终结果将不仅不会有利于会计信息使用者的决策，反而会误导会计信息使用者的决策。

1.5.6 重要性

重要性是指财务报告在全面反映企业的财务状况和经营成果的同时，应当区别经济业务的重要程度，采用不同的会计处理程序和方法。对于重要的经济业务，对资产、负债、损益等有较大影响，并进而影响财务报告使用者据以做出合理判断的重要会计事项，应按照规定的会计方法和程序进行处理，单独核算，分项反映，力求准确，并在财务报告中重点说明，予以充分、准确地披露；对于不重要的会计事项，在不影响会计信息真实性和不至于误导财务报告使用者做出正确判断的前提下，可适当简化处理或合并反映。

重要性与会计信息成本效益直接相关。根据成本效益原则，会计信息的提供所产生的效益应该超过提供它的成本。重要性的意义就在于，能够使提供会计信息的收益大于成本，节省人力、物力和财力。需要明确的是，重要性具有相对性，并不是同样的业务对不同的企业都是重要或不重要的事项。

在评价某些项目的重要性时，很大程度上取决于会计人员的职业判断。一般来说，应当从质和量两个方面进行分析。从性质来说，当某一事项有可能对决策产生重大影响时，就属于重要项目；从数量方面来说，当某一项目的数量达到一定规模、可能对决策产生重大影响时，则该事项属于具有重要性的事项。

1.5.7 谨慎性

谨慎性，又称稳健性，是指在处理不确定性经济业务时，应持谨慎态度，如果一项经济业务有多种处理方法可供选择时，应选择不导致夸大资产、虚增利润的方法。

在市场经济环境下，企业的生产经营活动面临着许多风险和不确定性，如应收款项的可收回性、固定资产的使用寿命、无形资产的使用寿命等。会计信息质量的谨慎性原则要求企业在面临不确定性因素的情况下做出职业判断时，对交易或者事项进行会计确认、计量和报告应当保持应有的谨慎，充分估计到各种风险和损失，既不高估资产或者收益，也不低估负债或者费用。

谨慎性的要求体现于会计核算的全过程，在会计上的应用是多方面的。例如，要求企业对可能发生的资产减值损失计提资产减值准备、固定资产采用加速折旧法、对售出商品可能发生的保修义务等确认预计负债等，就体现了会计信息质量的谨慎性要求。

遵循谨慎性，对于企业存在的经营风险加以合理估计，对防范风险起到预警作用，有利于企业做出正确的经营决策，有利于保护投资者和债权人的利益，有利于提高企业在市场上的竞争能力。但是企业在运用谨慎性时，不能滥用，不能以谨慎为由任意计提各种准备，即秘密准备。换句话说，遵循谨慎性绝不可损害可靠性。如果企业故意低估资产或者收益，或者故意高估负债或费用，将损害会计信息质量，扭曲企业实际的财务状况和经营成果，从而对使用者的决策产生误导，这是会计准则所不允许的。

1.5.8 及时性

企业的会计核算应当及时进行，不得提前或延后。会计信息的价值在于帮助所有者或其他方做出经济决策。如果不及时提供，对于使用者的效用就大大降低，甚至不再具有实际意义。在会计核算过程中满足及时性原则的要求：一是要及时收集会计信息，即在经济业务发生后，及时收集整理各种原始单据；二是要及时处理会计信息，即在国家统一的会计制度规定的时限内，及时编制财务报告；三是要及时传递会计信息，即在国家统一的会计制度规定的时限内，及时将编制出的财务报告传递给财务报告使用者。

1.6 会计要素确认、计量及其要求

会计要素是会计核算对象的具体化，是用于反映会计主体财务状况和经营成果的基本单位，是财务报告的组成单元。对会计要素进行报告之前，必须进行会计要素的确认与计量，其确认与计量必须遵循一定的要求。

1.6.1 会计要素的确认

确认是指将交易或事项中的某一项目作为一项会计要素加以记录和列入财务报告的过程，是财务会计的一项重要程序。确认主要解决某一个项目应否确认、如何确认和何时确认三个问题。会计要素的确认必须具备一定的条件，主要包括：符合要素的定义。有关经济业务确认为一项要素，首先必须符合该要素的定义。有关的经济利益很可能流入或流出企业。这里的“很可能”表示经济利益流入或流出的可能性在 50%以上。可计量性，即有关的价值以及流入或流出的经济利益能够可靠地计量。只有进行可靠的计量，会计要素的确认才有意义。

会计要素经过确认、计量之后，应在报表中列示。根据基本准则的规定，在报表中列示的条件是：符合要素定义和要素确认条件的项目，应列示在报表中；仅仅符合要素定义而不符合要素确认条件的项目，不能在报表中列示。

1.6.2 会计要素的计量

会计计量是为了将符合确认条件的会计要素登记入账，并列报于财务报表而确定其金额的过程。企业应当按照规定的会计计量属性进行计量，确定相关金额。

1. *会计要素计量属性*

计量属性是指所予计量的某一要素的特性。例如，桌子的长度、铁矿的质量、楼房的高度等。从会计角度看，计量属性反映的是会计要素金额的确定基础，它主要包括历史成本、重置成本、可变现净值、现值和公允价值等。

（1）历史成本。历史成本又称实际成本，是指取得或制造某项财产物资时所实际支付的现金或其他等价物。在历史成本计量下，资产按照其购置时支付的现金或现金等价物的金额，或者按照购置资产时所付出的对价的公允价值计量。负债按照其因承担现时义务而实际收到的款项或资产的金额，或者承担现时义务的合同金额，或者按照日常活动中为偿还负债预期需要支付的现金或者现金等价物的金额计量。

（2）重置成本。重置成本又称现行成本，是指按照当前市场条件，重新取得同样一项资产所需支付的现金或现金等价物金额。在重置成本计量下，资产按照现在购买相同或相似资产所需支付的现金或现金等价物的金额计量。负债按照现在偿付该项债务所需支付的现金或现金等价物的金额计量。

（3）可变现净值。可变现净值是指在正常生产经营过程中，以预计售价减去进一步加工的成本和销售所必需的预计税金、费用后的净值。在可变现净值计量下，资产按照其正常对外销售所能收到现金或现金等价物的金额扣减该资产至完工时估计将要发生的成本、估计的销售费用以及相关税费后的金额计量。

（4）现值。现值是指对未来现金流量以恰当的折现率进行折现后的价值，是考虑货币时间价值因素等的一种计量属性。在现值计量下，资产按照预计从其持续使用和最终处置中所

产生的未来净现金流入量的折现金额计量。负债按照预计期限内需要偿还的未来净现金流出量的折现金额计量。

（5）公允价值。公允价值是指在公平交易中，熟悉情况的交易双方自愿进行资产交换或债务清偿的金额。在公允价值计量下，资产和负债按照在公平交易中，熟悉情况的交易双方自愿进行资产交换或债务清偿的金额计量。

2. 计量属性的应用原则

《企业会计准则——基本准则》规定："企业在对会计要素进行计量时，一般应当采用历史成本，采用重置成本、可变现净值、现值、公允价值计量的，应当保证所确定的会计要素金额能够取得并可靠计量。"这是对会计计量属性应用的选择限定条件。一般情况下，对资产、负债、所有者权益等项目的计量，企业应当基于交易或事项的实际交易价格或成本，采用历史成本计量属性，这主要是因为历史成本是资产发生的成本，有客观依据，便于查核，也容易确定，比较可靠。例如，企业购入存货、建造厂房、生产产品等，应当以所购入资产发生的实际成本作为资产计量的金额。如果要用其他计量属性，必须保证金额能够取得并可靠计量。

1.6.3 会计要素确认与计量的要求

对会计要素进行确认与计量不仅要符合一定的条件，还应遵循以下要求：划分收益性支出与资本性支出、收入与费用配比。

1. 划分收益性支出与资本性支出

企业的会计核算应当合理划分收益性支出与资本性支出的界限。凡支出的效益仅及于本年度（或一个营业周期）的，应当作为收益性支出；凡支出的效益及于几个会计年度（或几个营业周期）的，应当作为资本性支出。

划分收益性支出与资本性支出，要求企业在会计核算工作中确认支出时，要区分两类不同性质的支出，将资本性支出计列于资产负债表中，作为资产反映，以真实地反映企业的财务状况；将收益性支出列于利润表中，计入当期损益，以正确地计算企业当期经营成果。这主要是因为，资本性支出的效益可在几个连续的会计期间发挥作用，而收益性支出的效益只在当期发挥作用。

如果企业在会计核算工作中没有正确划分收益性支出与资本性支出，将原本应计入资本性支出的计入收益性支出，就会低估资产和当期收益；将原本应计入收益性支出的计入资本性支出，就会高估资产和当期收益。这将不利于会计信息使用者正确地理解企业的财务状况和经营成果，不利于会计信息使用者的决策。

2. 收入与费用配比

企业在进行会计核算时，收入与其成本、费用应当相互配比，同一会计期间内的各项收入和与其相关的成本、费用，应当在该会计期间内确认。

在会计核算工作中坚持配比原则有两层含义：一是因果配比，将收入与其对应的成本相配比，如将主营业务收入与主营业务成本相配比，将其他业务收入与其他业务成本相配比；二是时间配比，将一定期间的收入与同时期的费用相配比，如将当期的收入与销售费用、管理费用、财务费用等期间费用相配比等。

第2章 会计书写方式

2.1 阿拉伯数字书写实训

2.1.1 训练目的

阿拉伯数字书写要符合手写的习惯，达到规范化。数字书写要做到正确、清晰、整齐、流畅、标准、规范和美观。

2.1.2 阿拉伯数字的书写方法

（1）字体要自右上方向左下方倾斜地写，倾斜度约为60°。

（2）"6"字要比一般数字向右上方长出1/4，"7"和"9"字要向左下方长出1/4。

（3）每个数字要紧靠凭证或账表行格底线书写，字体高度约占行格高度的1/2，不得写满格，以便留有改错的空间。

（4）数字应当一个一个地写，不得连笔写。

（5）字体要各自成形，大小均衡，排列整齐，字迹工整、清晰。

（6）有圆的数字，如6、8、9、0等，圆圈必须封口。

（7）同行的相邻数字之间要空出半个阿拉伯数字的位置。

（8）如果没有账格线，数字书写时要同数位对齐书写。数字书写的整数部分，可以从小数点向左按"三位一节"用分节号","分开或空一个位置，以便于读数和汇总计算。

（9）正确运用货币符号。如果表示金额时，阿拉伯数字前面应当写货币符号，货币符号与阿拉伯数字之间不得留有空格。阿拉伯数字书写到分位为止，元位以下保留角、分两位小数，以下四舍五入。元和角之间要用小数点"."隔开，没有角、分时，应在小数点后写"0"，数字后面不再写货币单位。

手写体阿拉伯数字书写示范如图2-1所示。

认识发票

浙江温州人本超市有限公司零售发票

税号：330300760159831　　发票联　　No.0045315

开票日期2006年3月2日	购货单位名称			红星工厂	
品名及规格	单位	数量	单价	金额	备注
纸	本	20	2.5	50	学院路店
水笔	支	10	5	50	
笔记本	本	20	5	100	
合计人民币（大写）	贰佰元整			¥200.00	

收款人：孙美　　开票人：吴东　　开票单位盖章

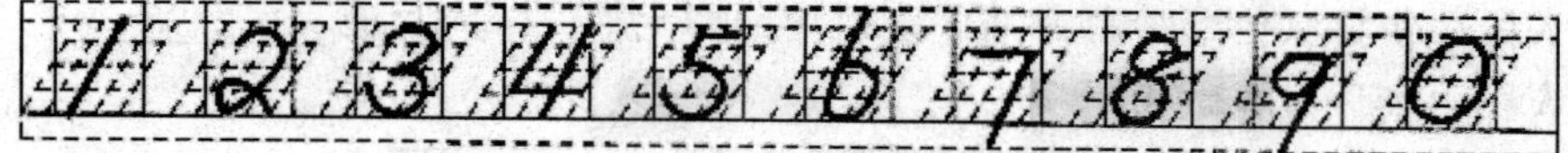

图 2-1 手写体阿拉伯数字书写示范

练习用规范化的阿拉伯数字书写

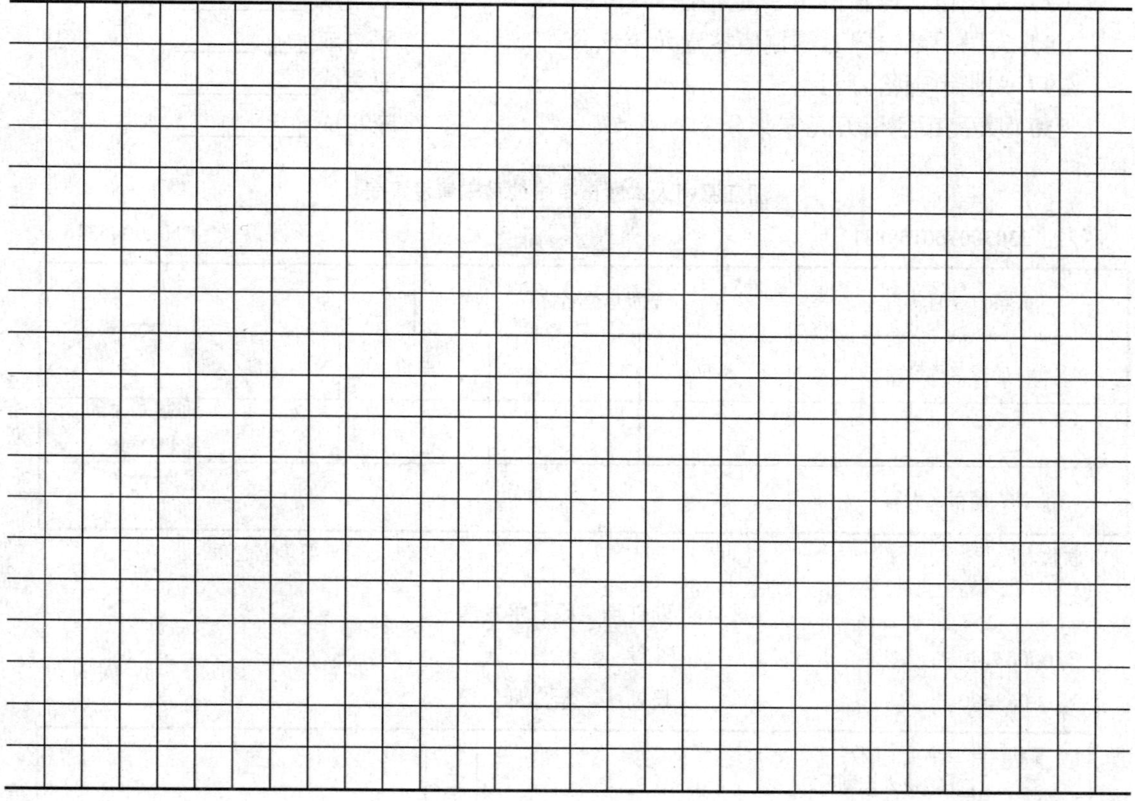

练习没有数位线的小写金额的书写

239 537.97	21 589.65	18 306.92	659 218.90	835 6 .79	735 284.90

练习将下列中文大写数字写成阿拉伯数字。

（1）人民币壹佰贰拾柒元伍角肆分　　　　　　应写成__________

（2）人民币伍仟贰佰叁拾万零陆仟玖佰柒拾捌元整　　应写成__________
（3）人民币叁仟万零贰拾元整　　应写成__________
（4）人民币壹拾玖万零贰拾叁元整　　应写成__________
（5）人民币玖角捌分　　应写成__________
（6）人民币柒万肆仟伍佰零贰元捌角陆分　　应写成__________
（7）人民币玖仟叁佰元零伍角整　　应写成__________
（8）人民币贰拾肆万零捌佰零壹元零玖分　　应写成__________
（9）人民币壹拾万元整　　应写成__________
（10）人民币捌佰万元零柒分　　应写成__________

浙江温州人本超市有限公司零售发票表

税号：330300760159831　　发票联　No.0045316

开票日3月　日	购货单位名称				
品名及规格	单位	数量	单价	金额	备注
合计人民币（大写）					

第二联

收款人：　　开票人：　　开票单位盖章

浙江增值税专用发票

3300053140　　发票联　开票

No.0063490　　日期：　年　月　日

国税函［2002］559 海南华森实业公司

购货单位	名称： 纳税人识别号： 地址、电话： 开户行及账号：			密码区			
货物或应税劳务名称	规格型号	单位	数量	单价	金额	税率	税额
合　计							
价税合计（大写）	（小写）						
销货单位	名称 纳税人识别号： 地址、电话： 开户行及账号：			备注			

第二联：发票联 购货方记账凭证

收款人：　　复核：　　开票人：销货单位（章）

2.2 中文大写数字书写实训

2.2.1 训练目的

掌握中文大写数字的标准写法，做到要素齐全、数字正确、字迹清晰、不错漏、不潦草。

2.2.2 汉字大写数字的标准写法

中文大写数字（包括数位）：零、壹、贰、叁、肆、伍、陆、柒、捌、玖、拾、佰、仟、万、亿、元、角、分、整（正）。

2.2.3 中文大写金额数字的书写要求

1. 大写金额前加写“人民币”

中文大写金额前应加“人民币”字样，并且与第一个大写数字之间不能留有空格。写数与读数顺序要一致。

2. 正确运用“整”字

中文大写金额到“元”为止的，应当写“整”或“正”字，如￥480.00 应写成“人民币肆佰捌拾元整”。中文大写金额到“角”为止的，可以在“角”之后写“整”或“正”字，也可以不写，如￥197.30 应写成“人民币壹佰玖拾柒元叁角整”或者“人民币壹佰玖拾柒元叁角”。中文大写金额到“分”位的，不写“整”或“正”字，如￥94,862.57 应写成“人民币玖万肆仟捌佰陆拾贰元伍角柒分”。

3. 正确书写中间“零”

（1）中文数字中间有“0”时，中文大写金额也要写“零”字，如￥1,304.78 应写成“人民币壹仟叁佰零肆元柒角捌分”。

（2）中文数字中间连续有几个“0”时，大写数字只写一个“零”字，如￥6,008.59 应写成“人民币陆仟零捌元伍角玖分”。

（3）中文数字万位或元位是“0”，或者数字中间连续有几个“0”，万位、元位也是“0”，但千位、角位不是“0”时，中文大写金额中可以只写一个“零”字，也可以不写“零”字。如￥3,200.47 应写成“人民币叁仟贰佰元零肆角柒分”，也可以写成“人民币叁仟贰佰元肆角柒分”；又如￥107,000.23 应写成“人民币壹拾万柒仟元零贰角叁分”，也可以写成“人民币壹拾万零柒仟元贰角叁分”，还可以写成“人民币壹拾万柒仟元贰角叁分”；再如￥6,000，010.29 应写成“人民币陆佰万零壹拾元零贰角玖分”，也可以写成“人民币陆佰万零壹拾元贰角玖分”。

（4）中文数字角位是“0”，而分位不是“0”时，中文大写金额元后面应写“零”字，如￥125.04 应写成“人民币壹佰贰拾伍元零肆分”；又如￥60,309.07 应写成“人民币陆万零叁佰零玖元零柒分”。

4. “壹”开头的别丢“壹”

当中文数字首位是“1”时，前面必须写上“壹”字，如￥16.74 应写成“人民币壹拾陆元柒角肆分”；又如￥100,000.00 应写成“人民币壹拾万元整”。

5. 写错不准涂改

为了防止作弊，银行、单位和个人填写的各种票据和结算凭证的中文大写金额一律不许涂改，一旦写错，则该凭证作废，需要重新填写。因此，会计人员在书写中文大写数字时必须认真填写，以减少书写错误的发生。

练习中文大写数字的书写

零							零						
壹							壹						
贰							贰						

续表

叁							叁						
肆							肆						
伍							伍						
陆							陆						
柒							柒						
捌							捌						
玖							玖						
拾							拾						
佰							佰						
仟							仟						
万							万						
亿							亿						
元							元						
角							角						
分							分						
整							整						

注 文字分别用楷体和行楷练习中文大写数字的书写。

练习将下列阿拉伯数字写成中文大写数字。

（1）￥828,703.49　　应写成__________

（2）￥190,000.00　　应写成__________

（3）￥580.20　　应写成__________

（4）￥6,000,030.10　　应写成__________

（5）￥60,101.09　　应写成__________

（6）￥707,070.80　　应写成__________

（7）￥206,055.03　　应写成__________

（8）￥80,001.20　　应写成__________

（9）￥76,003,000.00　　应写成__________

（10）￥4 396,257.48　　应写成__________

入　库　单

年　　月　　日　　　　连续号

<table>
<tr><td colspan="2">交来单位及部门</td><td></td><td colspan="2">发票号码或生产单号码</td><td></td><td colspan="2">验收仓库</td><td></td><td colspan="2">入库日期</td><td></td></tr>
<tr><td rowspan="2">编号</td><td rowspan="2">名称及规格</td><td rowspan="2">单位</td><td colspan="2">数量</td><td colspan="2">实际价格</td><td colspan="2">计划价格</td><td rowspan="2">价格差异</td></tr>
<tr><td>交库</td><td>实收</td><td>单价</td><td>金额</td><td>单价</td><td>金额</td></tr>
<tr><td></td><td></td><td></td><td></td><td></td><td></td><td></td><td></td><td></td><td></td></tr>
<tr><td></td><td></td><td></td><td></td><td></td><td></td><td></td><td></td><td></td><td></td></tr>
</table>

财务部门主管　　记账　　保管部门主管　　验收　　单位部分主管　　缴库

出 库 单

收货单位： 年 月 日

编号	种类	产品名称	规格	型号	出库数量	单位	单价	成本总额
备 注						合 计		
负责人：		记账：		收货人：			填单：	

材料入库单

仓库名称： 编号： 年 月 日

材料编号	材料名称	规格型号	计量单位	数量	计划单价	金额

2.2.4 中文大写票据日期的书写要求

在会计工作中，经常要填写支票、汇票和本票，这些票据的出票日期必须使用中文大写。为了防止变造票据的出票日期，在填写月时，月为壹、贰和壹拾的，应在其前面加“零”。日为壹至玖和壹拾、贰拾、叁拾的，应在其前面加“零”；日为拾壹至拾玖的，应在其前面加“壹”。如1月12日，应写成“零壹月壹拾贰日”；10月30日，应写成“零壹拾月零叁拾日”；2008年4月9日，应写成“贰零零捌年肆月零玖日”。

现金支票和转账支票的填写要求如下：

（1）出票的日期（大写）：数字规定必须大写，数字大写的写法是零、壹、贰、叁、肆、伍、陆、柒、捌、玖、拾。例如：2015年1月1日，贰零壹伍年零壹月零壹日；2014年4月15日，贰零壹肆年零肆月壹拾伍日。

1）壹月贰月前零字必写，叁月至玖月前零字可写可不写。拾月至拾贰月必须写成壹拾月、壹拾壹月、壹拾贰月（前面多写了“零”字也认可，如零壹拾月）。

2）壹日至玖日前零字必写，拾日至拾玖日必须写成壹拾日及壹拾×日（前面多写了“零”字也认可，如零壹拾伍日，下同），贰拾日至贰拾玖日必须写成贰拾日及贰拾×日，叁拾日至叁拾壹日必须写成叁拾日及叁拾壹日。

（2）付款行名称、出票人账号：为本单位开户银行名称及银行账号（账号是小写的阿拉伯数字）。例如：付款行名称为农行科技城分理处，出票人账号为32409102980102089。

1）现金支票收款人可以写为本单位名称，这时现金支票背面“被背书人”栏内加盖本单位的财务专用章和法人章，之后收款人可凭现金支票直接到开户的银行领取现金（有部分银行各营业点联网的可到联网营业点直接取款，具体的要看联网覆盖范围而定）。

2）现金支票收款人可写为收款人个人姓名，此时现金支票背面不盖任何章，收款人在现金支票背面填上身份证号码和发证机关名称，凭身份证和现金支票签字领款。

（3）转账支票收款人应填写为对方单位名称。转账支票背面本单位不盖章。收款单位取得转账支票后，在支票背面被背书栏内加盖收款单位财务专用章和法人章，填写好银行进账单后连同该支票交给收款单位的开户银行委托银行收款。

（4）人民币（大写）：大写数字的写法是零、壹、贰、叁、肆、伍、陆、柒、捌、玖、亿、万、仟、佰、拾。

支票填写样式和格式需要注意："万"字不带单人旁。例如：

1）279,546.26：贰拾柒万玖仟伍佰肆拾陆元贰角陆分。

2）7,560.31：柒仟伍佰陆拾元零叁角壹分。此时"陆拾元零叁角壹分"中"零"字可写可不写。

3）532.00：伍佰叁拾贰元正。

"正"写为"整"字也可以，不能写为"零角零分"。

4）425.03：肆佰贰拾伍元零叁分。

5）325.20：叁佰贰拾伍元贰角。角字后面可加"正"字，但不能写"零分"，比较特殊。正字可以写成整字，两个都可以。

（5）用途：

1）现金支票有一定限制，一般填写"备用金""差旅费""工资""劳务费"等。

2）转账支票没有具体规定，可填写如"货款""代理费"等。

（6）人民币小写：最高金额的前一位空白格用"￥"字头打掉，数字填写要求完整清楚。

（7）盖章：支票正面盖财务专用章和法人章，缺一不可，印泥为红色，印章必须清晰可见，印章模糊只能将本张支票作废，换一张重新填写、重新盖章。反面盖章与否见第（2）条。

（8）支票常识：

1）支票正面不能有涂改痕迹，否则本支票作废。

2）受票人如果发现支票填写不全，可以补记，但不能涂改。

3）本支票付款期限10天就是说从支票开票日开始到第10天这段时间要到银行柜台转账或者支取现金。如果超过了10天就无效。

练习票据的填写（以下是票样）：

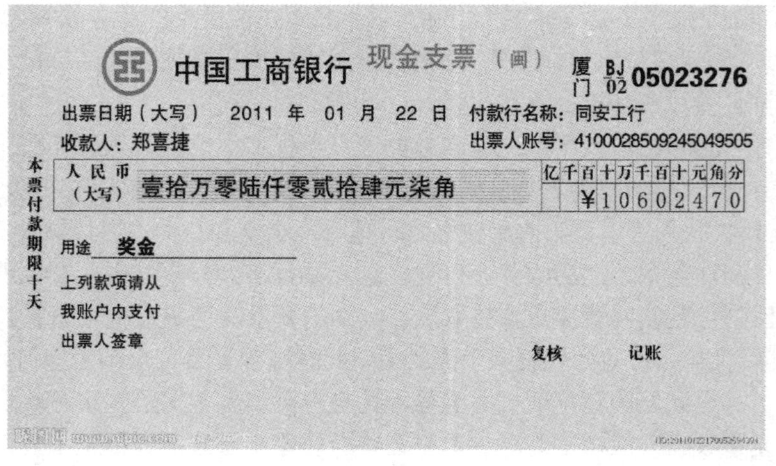

中国工商银行 现金支票（闽） 厦门 BJ 02 05023276

出票日期（大写） 2011 年 01 月 22 日 付款行名称：同安工行

收款人：郑喜捷 出票人账号：410002850924504950５

本票付款期限十天

人民币（大写）	壹拾万零陆仟零贰拾肆元柒角	亿	千	百	十	万	千	百	十	元	角	分
				￥	1	0	6	0	2	4	7	0

用途 奖金

上列款项请从

我账户内支付

出票人签章

复核 记账

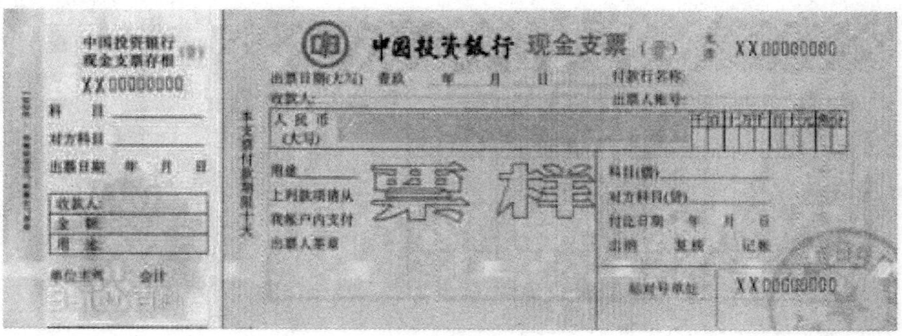
中国投资银行
现金支票存根
XX00000000
科 目
对方科目
出票日期 年 月 日
收款人：
金 额：
用 途：
单位主管 会计

本支票付款期限十天

中国投资银行 现金支票 XX00000000
出票日期(大写) 贰零 年 月 日 付款行名称：
收款人： 出票人账号：

人民币 (大写)	千	百	十	万	千	百	十	元	角	分

用途
上列款项请从
我账户内支付
出票人签章
票样
科目(借)
对方科目(贷)
付讫日期 年 月 日
出纳 复核 记账
贴对号单处 XX00000000

中国民生银行
支票存根
30508530
00042226

中国民生银行 支票 30508530 00042226
305584018073
⑈042226⑈ 003⑆9⑆6073⑆ 7014170003559⑈ 01

附加信息：	被背书人	被背书人
	背书人签章 年 月 日	背书人签章 年 月 日

粘贴单处

根据《中华人民共和国票据法》等法律法规的规定，签发空头支票由中国人民银行处以票面金额5%但不低于1000元的罚款。

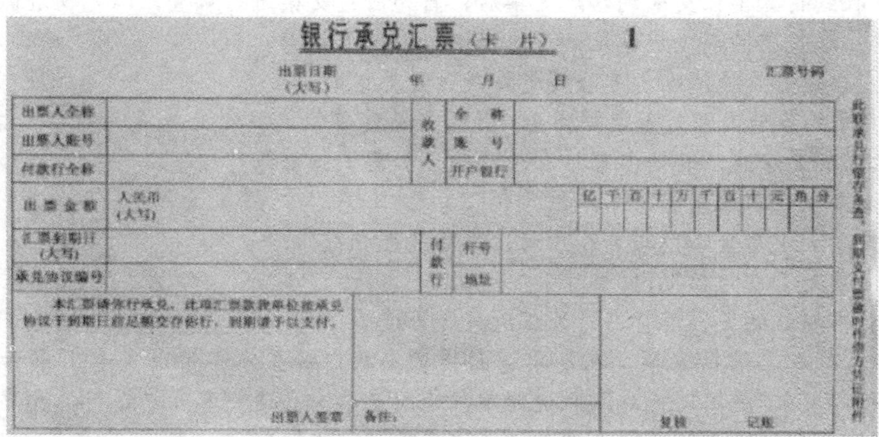
银行承兑汇票（卡 片） 1

出票日期(大写) 年 月 日 汇票号码

出票人全称		收款人	全 称	
出票人账号			账 号	
付款行全称			开户银行	
出票金额	人民币(大写)			亿 千 百 十 万 千 百 十 元 角 分
汇票到期日(大写)		付款行	行号	
承兑协议编号			地址	
本汇票请你行承兑，此项汇票款我单位按承兑协议于到期日前足额交存你行，到期请予以支付。 出票人签章	备注：			复核 记账

此联承兑行留存备查，到期支付票款时作借方凭证附件

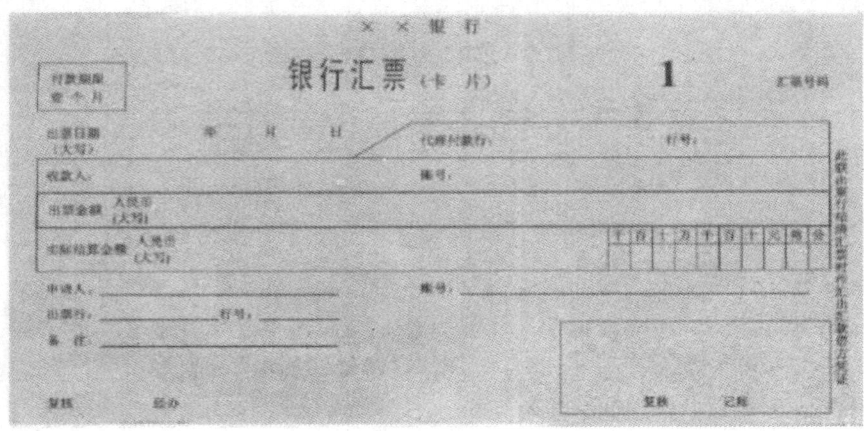

××银行

银行汇票（卡片） 1 汇票号码

付款期限 壹个月

出票日期（大写） 年 月 日 代理付款行： 行号：

收款人： 账号：

出票金额 人民币（大写）

实际结算金额 人民币（大写） 千 百 十 万 千 百 十 元 角 分

申请人：________ 账号：________

出票行：________ 行号：________

备 注：________

复核 经办 复核 记账

小阅读

1. 现金支票的处理手续

出票人开户行接到收款人持现金支票支取现金时，应认真审查：

（1）支票是否是统一规定印制的凭证，支票是否真实，提示付款期限是否超过。

（2）支票填明的收款人名称是否为该收款人，收款人是否在支票背面“收款人签章”处签章，其签章是否与收款人名称一致。

（3）出票人的签章是否符合规定，并折角核对其签章与预留银行签章是否相符，使用支付密码的，其密码是否正确。

（4）支票的大小写金额是否一致。

（5）支票必须记载的事项是否齐全，出票金额、出票日期、收款人名称是否更改，其他记载事项的更改是否由原记载人签章证明。

（6）出票人账户是否有足够支付的款项。

（7）支取的现金是否符合国家现金管理的规定。

收款人为个人的，还应审查其身份证件，是否在支票背面“收款人签章”处注明身份证件名称、号码及发证机关。审查无误后，发给铜牌或对号单，交收款人凭以向出纳取款。同时从出票人账户付出，将支票送出纳凭以付款后作借方凭证。

2. 收取转账支票的注意事项

（1）收到付款单位交来的转账支票后，首先应对支票进行审查，以免收进假支票或无效支票。对支票的审查应包括如下内容：

1）支票填写是否清晰，是否用墨汁或碳素墨水填写。

2）支票的各项内容是否填写齐全，是否在签发单位盖章处加盖单位印鉴，大小写金额和收款人有无涂改，其他内容如有改动是否加盖了预留银行印鉴。

3）支票收款单位是否为本单位。

4）支票大小写金额填写是否正确，两者是否相符。

5）支票是否在付款期内。

6）背书转让的支票其背书是否正确，是否连续。

（2）转账支票审核完毕，在支票背面被背书栏内加盖本单位财务专用章和法人章（预留银行印鉴），并填写一式两联进账单，连同支票一并送交其开户银行。开户银行审核无误后即可在进账单第一联上加盖“转讫”章退回收款单位。

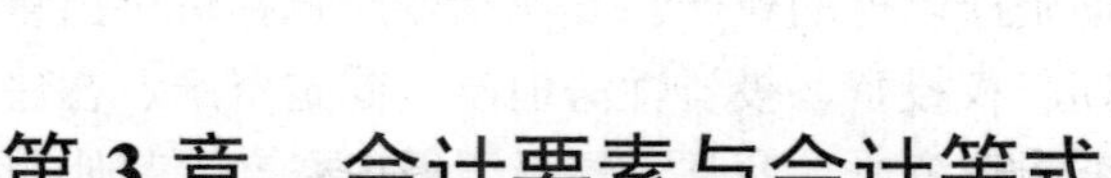

第3章 会计要素与会计等式

《会计法》和《企业财务会计报告条例》对会计六大要素的实质内涵做了全面、详尽的规定，并根据新情况对其赋予了新的内涵。只有认真学习领会、准确把握并依据会计要求对经济事项进行正确的确认、计量和记录，才能为企业会计核算工作打下坚实的基础。

要素是构成事物的基本成分，例如水是构成植物和动物机体的要素；时间、地点、人物、事件、起因、结果是写记叙文的要素。因此会计要素是对会计对象进行的基本分类，是会计核算对象的具体化，是组成会计报表的基本单位。我国《企业会计准则》规定，会计要素包括资产、负债、所有者权益、收入、费用、利润。其中：前三项要素，与资产负债表中财务状况的确认直接联系，是企业财务状况的静态反映；后三项要素，与利润表中经营业绩的确认直接联系，是从动态角度反映企业的经营成果。

3.1 反映企业财务状况变动的要素

3.1.1 资产

资产是指企业过去的交易或者事项形成的、由企业拥有或者控制的、预期会给企业带来经济利益的资源。资产随处可见，比如房屋、机器设备、运输工具、仓库里的货物等。

资产具有如下特点：①资产是过去的交易或事项形成的。这就是说，作为企业资产，必须是现实的而不是预期的资产，它是企业过去已经发生的交易或事项所产生的结果，包括购置、生产、建造等行为或其他交易或事项。预期在未来发生的交易或事项不形成资产，如计划购入的机器设备等。②资产是由企业拥有或控制的。企业拥有资产，从而就能够从资源中获得经济利益；有些资产虽然不为企业所拥有，但在某些条件下，对一些由特殊方式形成的资源，企业虽然不享有所有权，但能够被企业所控制，而且同样能够获取经济利益，也可以作为企业资产（如融资性租入固定资产）；而企业没有买下使用权的矿藏、工厂周围的控制，都不能作为企业的资产确认。③资产能够给企业带来经济利益。如货币资金可以用于购买所需要的商品或用于利润分配，厂房机器、原材料等可以用于生产经营过程，制造商品或提供劳务，出售后回收货款，货款即为企业所获得的经济利益。

对资产可以作多种分类，常见的是按流动性分类。按流动性进行分类，可以分为流动资产和非流动资产。流动资产是指企业可以在一年或者超过一年的一个营业周期内变现或者运用的资产，是企业资产中必不可少的组成部分。流动资产在周转过渡中，从货币形态开始，依次改变其形态，最后又回到货币形态（货币资金→储备资金、固定资金→生产资金→成品资金→货币资金），各种形态的资金与生产流通紧密相结合，周转速度快，变现能力强。加强对流动资产业务的审计，有利于确定流动资产业务的合法性、合规性，有利于检查流动资产业务账务处理的正确性，揭露其存在的弊端，提高流动资产的使用效益。流动资产包括货币资金、交易行金融资产、应收票据、应收账款、预付款项、应收利息、应收股利、其他应收款、存货、一年内到期的非流动资产、其他流动资产。

非流动资产是指流动资产以外的资产。非流动资产包括可供出售金融资产、持有至到期投资、长期应收款、长期股权投资、投资性房地产、固定资产、在建工程、工程物资、生产性生物资产、油气资产、无形资产、商誉、递延所得税资产、其他非流动资产。

一般来说，流动资产所占比重越大，说明企业资产的变现能力越强。流动资产中，货币资金、短期投资比重越大，则支付能力越强。

小阅读

从不同的角度，流动资产可以有不同的分类方式。

1. 按流动资产在企业生产经营中所起的作用分类

（1）制造业企业的流动资产分类。

1）储备资产：从购买到投入生产为止，处于生产准备阶段的流动资产，包括原材料及主要材料、辅助材料、燃料、修理用备件、低值易耗品、包装物、外购半成品等。

2）生产资产：从投入到产成品制成入库为止，处于生产过程中的流动资产，包括在产品、自制半成品、待摊费等。

3）成品资产：从产品入库到产品销售为止，处于产品待销过程中的流动资产，包括产成品和准备销售的半成品和零部件等。

4）结算资产：指各种发出商品、应收账款、应收票据等。

5）货币资产：指银行存款、库存现金等。

（2）商业企业的流动资产分类。

1）商品资产：包括库存商品和在途商品等。

2）非商品资产：包括包装物、物料用品、低值易耗品、待摊费。

3）结算资产：包括各种应收账款、应收票据等。

4）货币资产：包括银行存款、库存现金等。

制造业企业和商业企业中同种流动资产的构成比例有很大不同，比重大大高于工业企业。

2. 按流动资产的表现形态分类

可分为货币性流动资产和实物形态流动资产。货币性流动资产以货币形态存在，包括上述结算资产和货币资产；实物形态流动资产包括上述储备资产、生产资产、成品资产等，是流动资产价格鉴证的重点。

3. 按对流动资产进行计划管理的需要分类

可分为定额流动资产和非定额流动资产。定额流动资产是流动资产的基本组成部分，包括原材料、辅助材料、在产品、自制半成品、产成品等；非定额流动资产包括结算资产和货币资金。

3.1.2 负债

负债是指企业由于过去的交易、事项形成的现时义务，履行该义务预期会导致经济利益流出企业。

负债具有如下特点：①负债是由于过去的交易或事项形成的偿还义务。潜在的义务，或预期在将来要发生的交易、事项可能产生债务不能确认为负债。②负债是现时义务。负债是企业目前实实在在的偿还义务，要由企业在未来某个时日加以偿还。③为了偿还债务，与该义务有关的经济利益很可能流出企业，一般来说，企业履行偿还义务时，关系到企业会有经济利益的流出，如支付现金、提供劳务、转让其他财产等。同时，未来流出的经济利益的金额能够可靠计量。

负债一般按其偿还速度或偿还时间的长短划分为流动负债和长期负债两类。流动负债是指将在一年或超过一年的一个营业周期内偿还的债务，主要包括短期借款、应付票据、应付账款、预收账款、应付职工薪酬、应交税费、应付利润、其他应付款等。非流动负债是指偿还期在一年或者超过一年的一个营业周期以上的债务。非流动负债的主要项目有长期借款、长期应付款和应付债券等。

3.1.3　所有者权益

负债和所有者权益构成了企业资本的来源。所有者权益就是投资者对企业净资产的所有权，又称为股东权益。所有者权益是所有者对企业资产的剩余索取权。净资产是指企业的资产总额减去负债总额后的余额。在我国，将所有者权益分为资本和留存收益，而资本包括实收资本和资本公积，留存收益则包括盈余公积和未分配利润。

（1）实收资本（股本）：企业的实收资本是指投资者按照企业章程或合同、协议的约定，实际投入企业的资本。所有者向企业投入的资本，在一般情况下无需偿还，可以长期周转使用。

（2）资本公积：资本本身升值或其他原因而产生的投资者的共同的权益，包括资本（或股本）溢价、接受捐赠资产、外币资本折算差额等。资本（或股本）溢价，是指企业投资者投入的资金超过其在注册资本中所占份额的部分；接受捐赠资产，是指企业因接受现金和非现金资产捐赠而增加的资本公积；外币资本折算差额，是指企业接受外币投资因所采用的汇率不同而产生的资本折算差额。

（3）盈余公积：企业从实现的利润中提取或形成的留存于企业内部的积累。

（4）未分配利润：企业留于以后年度分配的利润或待分配利润。

所有者权益的特征如下：

（1）所有者权益是企业投资人对企业净资产的所有权。它受总资产和总负债变动的影响而发生增减变动。

（2）所有者权益包含所有者以其出资额的比例分享企业利润。与此同时，所有者也必须以其出资额承担企业的经营风险。

（3）所有者权益还意味着所有者有法定的管理企业和委托他人管理企业的权利。

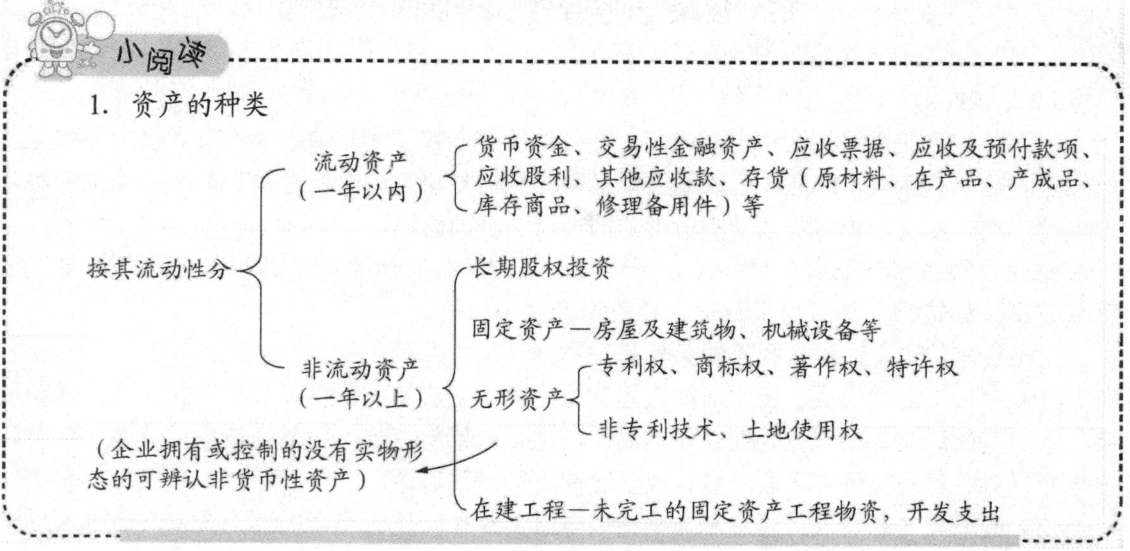

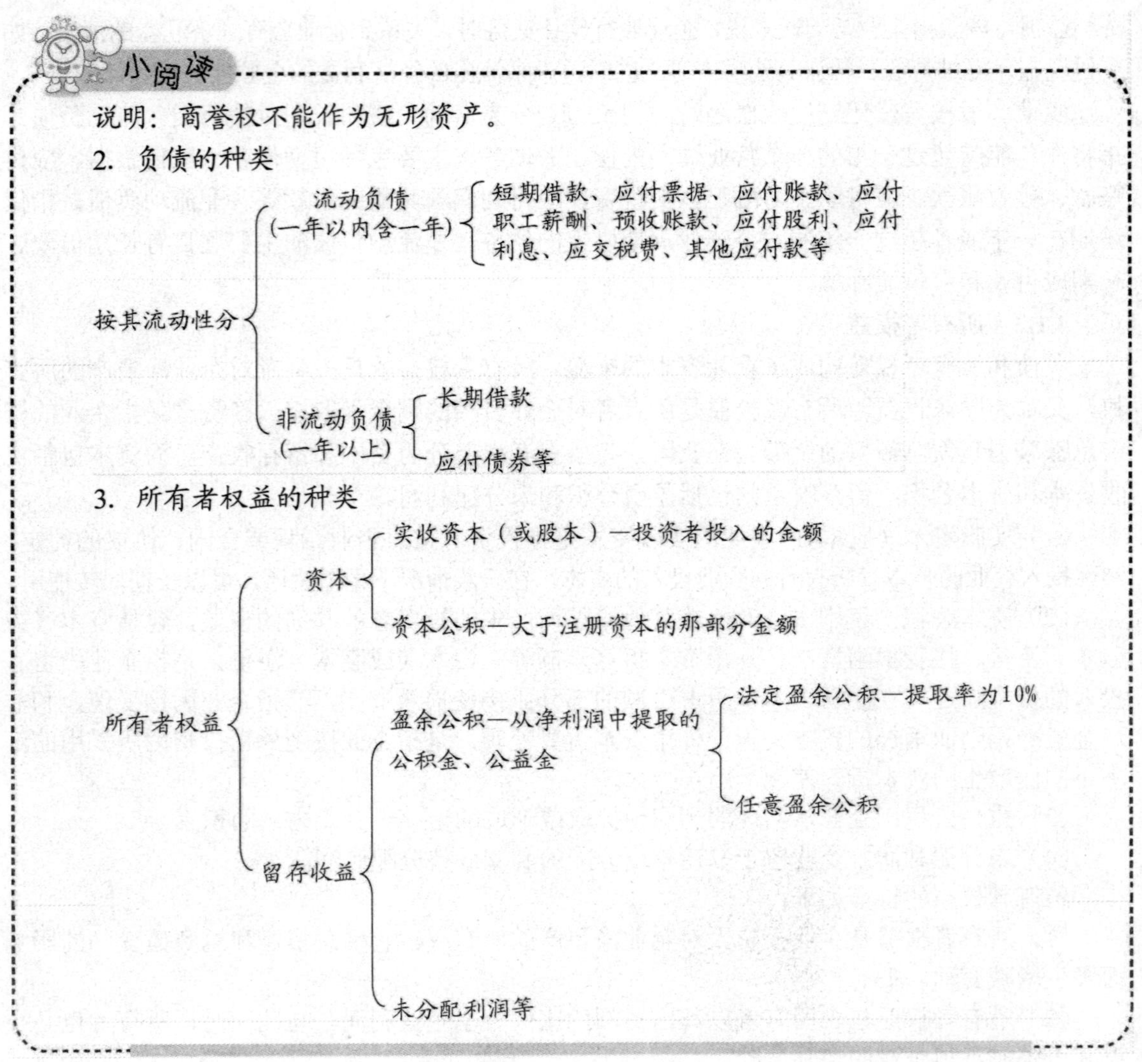

小阅读

说明：商誉权不能作为无形资产。

2. 负债的种类

- 按其流动性分
  - 流动负债（一年以内含一年）
    - 短期借款、应付票据、应付账款、应付职工薪酬、预收账款、应付股利、应付利息、应交税费、其他应付款等
  - 非流动负债（一年以上）
    - 长期借款
    - 应付债券等

3. 所有者权益的种类

- 所有者权益
  - 资本
    - 实收资本（或股本）—投资者投入的金额
    - 资本公积—大于注册资本的那部分金额
  - 留存收益
    - 盈余公积—从净利润中提取的公积金、公益金
      - 法定盈余公积—提取率为10%
      - 任意盈余公积
    - 未分配利润等

3.2 反映企业生产经营期间的要素

3.2.1 收入

收入是指企业在日常活动中形成的、会导致所有者权益增加的、与所有者投入资本无关的经济利益的总流入。因此，收入是会计活动带来的结果，即企业在销售商品、提供劳务及他人使用本企业资产等日常活动中所形成的经济利益的总流入。

企业收入的来源渠道多种多样，不同收入来源特征有所不同，其收入确认条件也往往存在差别，如销售商品、提供劳务、让渡资产使用权等。

根据收入的定义，确认收入的条件是：

（1）由日常活动形成。日常活动应理解为企业为完成其经营目标所从事的经常性活动以及与之相关的活动。如工业企业销售产品，流通企业销售商品，服务企业提供劳务、出租、出售原材料、对外投资（收取利息、现金股利）等日常活动。

（2）经济利益总流入。经济利益是指现金或最终能转让为现金的非现金资产。收入只有在经济利益很可能流入，从而导致资产增加或者负债减少，经济利益的流入额要可靠计量时才能予以确认。经济利益总流入是指本企业经济利益的流入，包括销售商品收入、劳务收入、使用费收入、租金收入、股利收入等主营业务和其他业务收入，不包括为第三方或客户代收的款项。

所有者相对于负债而言，具有以下特点：①所有者不像负债那样需要偿还，除非发生减值、清算，企业不需要偿还所有者。②企业清算时，负债往往优先清偿，而所有者只有在清偿所有的负债之后才返还给所有者。③所有者权益能够分享利润，而负债则不能参与利润分配。所有者权益在性质上体现为所有者对企业资产的剩余收益，在数量上也就体现为资产减去负债后的余额。

收入按企业从事日常活动的性质不同，分为销售商品收入、提供劳务收入和让渡资产使用权收入；按企业经营业务的主次不同，分为主营业务收入和其他业务收入。

（1）主营业务收入。不同行业企业的主营业务收入所包括的内容不同，比如，工业企业的主营业务收入主要包括销售商品、自制半成品、代制品、代修品，提供工业性劳务等实现的收入；商业企业的主营业务收入主要包括销售商品实现的收入；咨询公司的主营业务收入主要包括提供咨询服务实现的收入；安装公司的主营业务收入主要包括提供安装服务实现的收入。

（2）其他业务收入。不同行业企业的其他业务收入所包括的内容不同，比如，工业企业的其他业务收入主要包括对外销售材料、对外出租包装物、商品或固定资产、对外转让无形资产使用权、对外进行权益性投资（取得现金股利）或债权性投资（取得利息）、提供非工业性劳务等实现的收入。

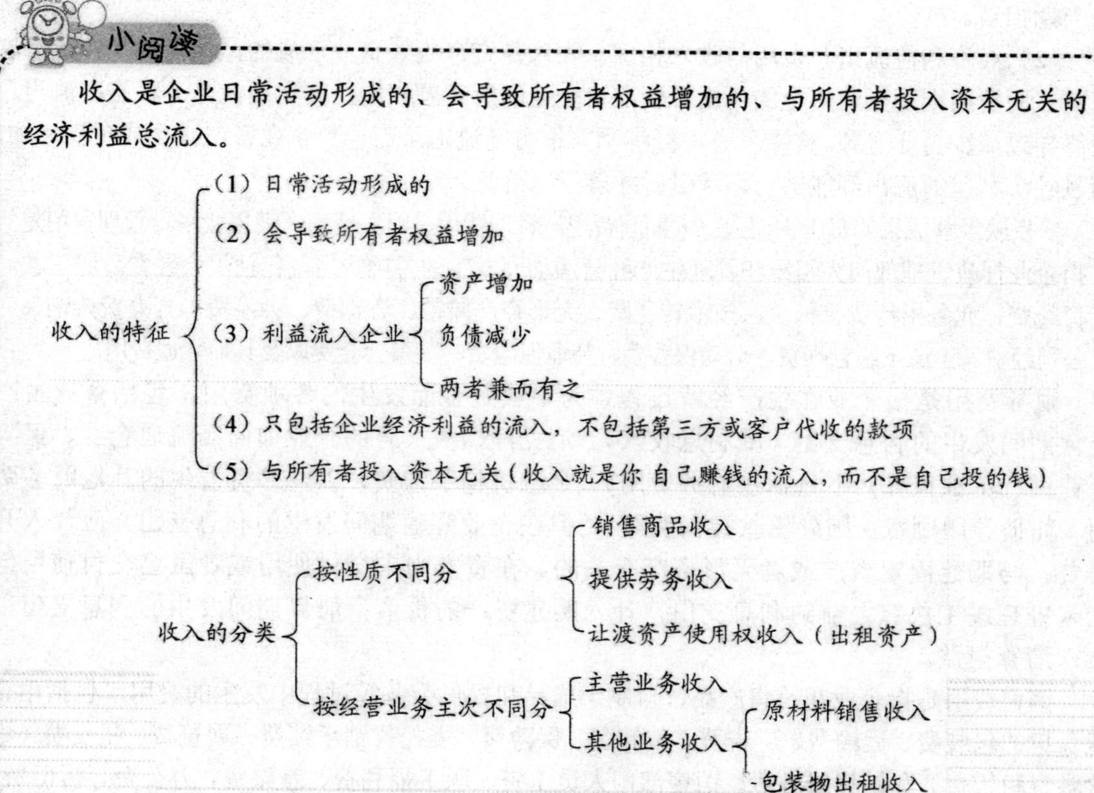

注意：出租固定资产或出租无形资产的收入是其他业务收入；而出售（处置）固定资产、出售（处置）无形资产的收益是营业外收入。

3.2.2 费用

有投入才有产出。如要销售产品，就必须先生产出产品，为此，要消耗各种材料，支付工人工资，生产车间为组织管理生产也要发生各项制造费用，行政管理部门要支付各种管理费用；为销售产品要支付销售费用，筹集生产经营资金要支付财务费用，还会发生与生产经营没有直接关系的营业外支出。此外，企业应缴纳的所得税也是一项费用。

费用是指企业在日常活动中发生的、会导致所有者权益减少的、与向所有者分配利润无关的经济利益的总流出。费用可以看做是收入的减项，也可以说费用是消耗掉或者转移出去的资产，它具备以下特征：

（1）费用是企业在日常活动中形成的（不包括偶发事件产生的损失——营业外支出）。

（2）费用会导致所有者权益的减少。

（3）费用是与向所有者分配利润无关的经济利益的总流出。

根据费用的定义，确认费用的条件是：

（1）在日常活动中发生。企业在销售商品、提供劳务等日常活动中所发生的费用，可划分为两类：一类是企业为生产产品、提供劳务等发生的费用，应计入产品成本、劳务成本，包括直接材料、直接人工和制造费用；另一类是不应计入成本而直接计入当期损益的相关费用，包括管理费用、财务费用、销售费用、资产减值损失。计入产品成本、劳务成本等费用，应当在确认产品销售收入、劳务收入等时将已销售产品、已提供劳务的成本计入当期损益。

（2）经济利益流出。费用与收入相反，收入是资金流入企业形成的，会增加企业所有者权益；而费用则是企业资金的付出，会减少企业的所有者权益，其实质就是一种资产流出，最终导致减少企业资源。费用只有在经济利益很可能流出从而导致企业资产减少或负债增加，而且经济利益的流出额能够可靠计量时才能予以确认。

反映经营成果的费用主要为三大期间费用：管理费用、财务费用、销售费用。管理费用是指企业行政管理部门为组织和管理生产经营活动而发生的各项费用，包括工会经费、职工教育经费、业务招待费、税金、技术转让费、无形资产摊销、咨询费、诉讼费、开办费摊销、公司经费、上缴上级管理费、劳动保险费、待业保险费、董事会会费以及其他管理费用。

财务费用是指企业在生产经营过程中为筹集资金而发生的各项费用，包括企业生产经营期间发生的利息支出（减利息收入）、汇兑净损失（有的企业如商品流通企业、保险企业进行单独核算，不包括在财务费用）、金融机构手续费，以及筹资发生的其他财务费用（如债券印刷费、国外借款担保费等）。但在企业筹建期间发生的利息支出，应计入开办费；与购建固定资产或者无形资产有关的，在资产尚未交付使用或者虽已交付使用但尚未办理竣工决算之前的利息支出，计入购建资产的价值；清算期间发生的利息支出，计入清算损益。

销售费用是指企业在销售产品、自制半成品和提供劳务等过程中发生的费用，包括由企业负担的包装费、运输费、广告费、装卸费、保险费、委托代销手续费、展览费、租赁费（不含融资租赁费）和销售服务费、销售部门人员工资、职工福利费、差旅费、办公费、折旧费、修理费、物料消耗、低值易耗品摊销以及其他经费等。

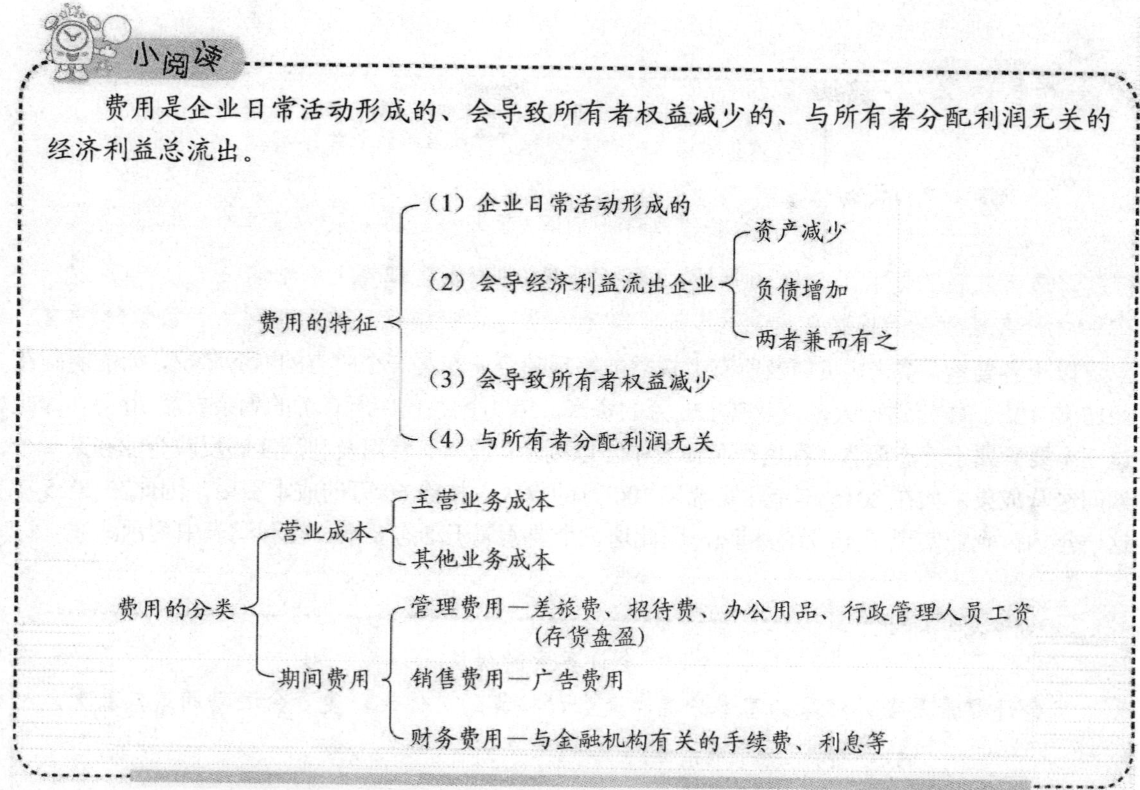

3.2.3　利润

利润是指企业在一定会计期间的经营成果，是一种收获。如果企业实现了利润，表明企业的所有者权益将增加，业绩得到了提升；反之，如果企业发生了亏损（即利润为负数），表明企业的所有者权益将减少，业绩下滑了。

从数值上看，利润就是收入（包括利得）减去费用（包括损失）之后的净额。其中，收入减去费用后的净额反映的是企业日常活动的经营业绩，直接计入当期利润的利得和损失反映的是企业非日常活动的业绩。利润为营业利润和营业外收支净额两个项目的总额减去所得税费用之后的余额。营业利润是企业在销售商品、提供劳务等日常活动中产生的利润；营业外收支是与企业的日常经营活动没有直接关系的各项收入和支出，其中，营业外收入项目主要有捐赠收入、固定资产盘盈、处置固定资产净收益、罚款收入等，营业外支出项目主要有固定资产盘亏、处置固定资产净损失等。其有关公式表示如下：

营业利润=营业收入−营业成本−营业税金及附加−销售费用−管理费用−财务费用−资产减值损失+公允价值变动净收益+投资净收益

营业收入=主营业务收入+其他业务收入

营业成本=主营业务成本+其他业务成本

投资净收益=投资收益−投资损失

公允价值变动净收益=公允价值变动收益−公允价值变动损失

利润总额=营业利润+营业外收支净额

净利润=利润总额−所得税费用

利润按照构成分：

- 营业利润=营收入–营业成本–营业税费–期间费用（–资产减值损失+公允价值变动净收益+投资净收益后的金额）
- 利润总额=营业利润+利得（营业外收入）–损失（营业外支出）
- 净利润=利润总额–所得税（利润总额×25%）

以上各要素，资产、负债及所有者权益能够反映企业在某一个时点的财务状况，如能明确在2015年12月31日这一天，企业有120万的资产，50万的负债，所有者的剩余权益70万，因此这三个要素属于静态要素，在资产负债表中予以列示；收入、费用及利润能够反映企业在某一个期间经营成果，如在2015年企业实现了100万的收入，扣除60万的成本费用，因此在2015年这一年内，企业实现了40万的利润，因此这三个要素属于动态要素，在利润表中列示。

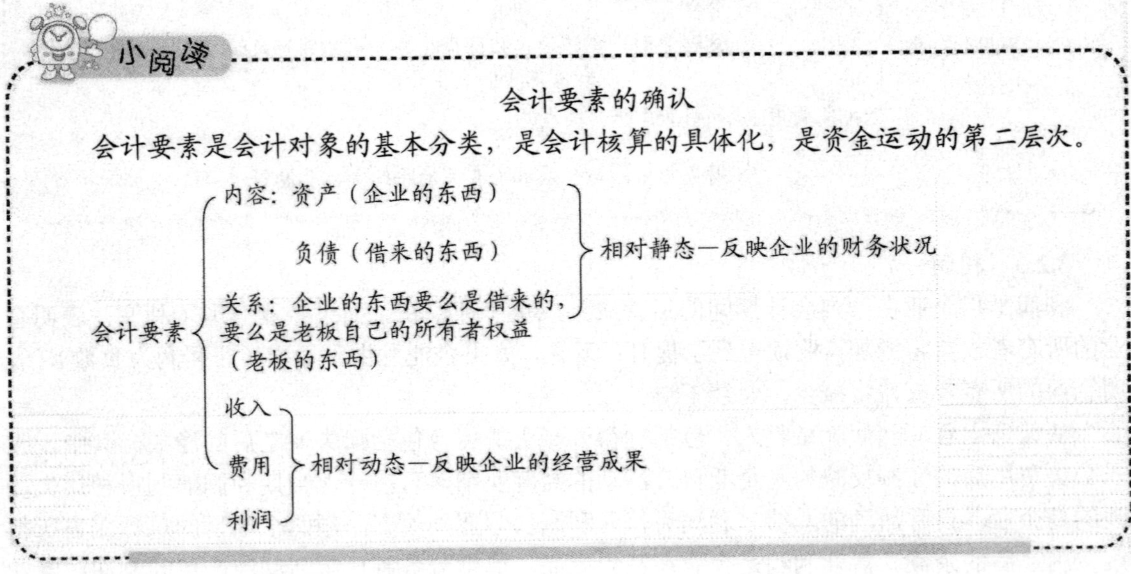

3.3 会计等式

会计要素之间存在着特定的等量关系，这些等量关系构成了不同的会计等式，而会计等式又是会计报表的框架，正因为如此，所以有的学者又将会计要素称为会计报表的要素，但严格地说，会计要素和会计报表要素并不是一回事。

1. 资产负债等式与利润表等式

会计等式是指表明各会计要素之间基本关系的恒等式，也称为会计平衡公式。

任何企业要从事生产经营活动，必定有一定数量的资产。每一项资产，如果一分为二地看，就不难发现，一方面，任何资产只不过是经济资源的一种实际存在或表现形式，或为机器设备，或为现金、银行存款等；另一方面，这些资产都是按照一定的渠道进入企业的，或由投资者投入，或通过银行借入等，即必定有其提供者。显然，一般人们不会无偿地将经济资源（即资产）

让渡出去，也就是说，企业中任何资产都有其相应的权益要求，谁提供了资产谁就对资产拥有索偿权，这种索偿权在会计上称为权益。这样就形成了最初的会计等式：资产=权益。

这一等式表明，会计等式之所以成立就是因为资产和权益是同一事物的两个方面：一方面是归企业所有的一系列财产（资产）；另一方面是对这些财产的一系列所有权（权益）。由于权益要求表明资产的来源，而全部来源又必与全部资产相等，因此全部资产必须等于全部权益。

权益通常分为两种：

（1）以投资者的身份向企业投入资产而形成的权益，称为所有者权益。

（2）以债权人的身份向企业提供资产而形成的权益，称为债权人权益或负债。

因此，资产与负债和所有者权益是资金这个同一体的两个方面，因而客观上存在必然相等的关系。从数量上来看，有一定数额的资产，必定有一定数额的负债和所有者权益；反之，有一定数额的负债和所有者权益，也必定有一定数额的资产，即资产来源于权益（包括债权人权益和所有者权益），两者必然相等。这一平衡关系可用公式表示为

$$资产=负债+所有者权益 \tag{3-1}$$

式（3-1）说明了资产、负债和所有者权益三大会计要素的内在关系，是编制资产负债表的理论依据，因此，又称为资产负债等式。

对基本会计等式，要理解牢记的是：任何时点，企业的所有资产，无论其处于何种形态（如现金、银行存款、固定资产等），都必须有相应的来源。或者是借入的，或者是所有者投入的，或者是经营过程中所赚取的（这一部分也归所有者）。这样，“资产=负债+所有者权益”这一等式，在任何情况下，其左右平衡的关系都不会被破坏。

小阅读

资产、负债、所有者权益三要素之间的关系概括为一个公式，使我们对于资产和权益之间的关系有了一个数量的概念，这个公式不仅是我们学习的复式记账法的理论基础，也是设计和编制资产负债表的理论基础。资产、负债和所有者权益这一会计等式的平衡关系，可以用一张简明的资产负债表来表示。

企业的目标就是要从生产经营活动中获取收入，实现盈利。企业在取得收入的同时，也必然要发生相应的费用。企业通过收入和费用的比较，才能计算会计期间的盈利水平，确定当期实现的利润总额。利润与收入和费用的数量关系可用公式表示为

$$收入-费用=利润 \tag{3-2}$$

式（3-2）说明了收入、费用和利润三大会计要素的内在关系，是编制利润表的理论依据，因此，又称为利润表等式。

小阅读

将收入、费用、利润三个会计要素之间的关系概括为一个公式，使我们对于利润与收入和费用之间的关系有了一个数量的概念，这个公式不仅是企业计算确定经营成果的理论基础，也是设计和编制利润表的理论基础。收入、费用和利润这一会计等式的平衡关系可以用一张简明的利润表来表示。

2. 资产负债等式与利润表等式之间的关系

式（3-1）反映的是企业某一时点的全部资产及其相应的来源情况，是反映资金运动的静态公式。式（3-2）反映的是某企业某一时期的盈利或亏损情况，是反映资金运动的动态公式但仅从这两个等式还不能完整反映会计六大要素之间的关系。

式（3-1）与式（3-2）可合并为

资产=负债+所有者权益+（收入–费用）

或 资产=负债+所有者权益+利润 （3-3）

企业定期结算并计算出取得的利润，利润在按规定分配给投资者（股东）之后，余下的部分归投资者共同享有，也是所有者权益的组成部分。因此上述等式又恢复到

资产=负债+所有者权益

由此可见：

（1）式（3-1）是会计的基本等式，通常称之为基本会计等式或会计恒等式。

（2）式（3-2）和式（3-3）虽不是基本会计等式，但式（3-2）是对基本会计等式的补充。

（3）式（3-3）是基本会计等式的发展，它将财务状况要素，即资产、负债和所有者权益，和经营成果要素，即收入、费用和利润，进行有机结合，完整地反映了企业财务状况和经营成果的内在联系。

【例 3-1】 某企业 2014 年 12 月 31 日拥有 2 000 万元资产，其中现金 0.4 万元，银行存款 57.6 万元，应收账款 282 万元，存货 960 万元，固定资产 700 万元。该企业接受投资形成实收资本 1 100 万元，银行借款 400 万元，应付账款 400 万元，尚未支付的职工薪酬 100 万元。可用表 3-1 反映资产、负债、所有者权益间的平衡关系。

表 3-1 **资 产 负 债 表** 单位：万元

资　　产		负债及所有者权益	
现金	0.4	银行借款	400
银行存款	57.6	应付账款	400
应收账款	282	应付职工薪酬	100
存货	960	实收资本	1 100
固定资产	700		
合计	2 000	合计	2 000

［例 3-1］中，资产总额（2 000 万元）=负债及所有者权益（2 000 万元）反映某一时点上企业会计要素之间的平衡关系，这是一种静态关系。

3. 经济业务

经济业务又称会计事项，是指在经济活动中使会计要素发生增减变动的交易或事项，它可分为对外经济业务和内部经济业务两类。

对外经济业务是指企业与其他企业或单位发生交易行为而产生的经济事项。比如，向投资者筹集资金、向供货方购货、向银行归还借款、向购货方销货等。对内经济业务是指企业内部成本、费用的耗用，以及因各会计要素之间的调整而产生的经济事项。比如，生产经营过程中耗用的材料、机器设备的折旧、工资的分配及收入与费用的结转等。

不同经济业务发生所引起的资产与权益的变化的四种类型：①资产与权益同时增加；②资产与权益同时减少；③资产之间有增有减；④权益之间有增有减。

结果：资产总额与权益总额仍然保持相等。每一笔经济业务发生都没有破坏资产权益总额的平衡关系，而是在原有平衡的基础上达到新的平衡，资产恒等于权益，即会计基本等式：资产=负债+所有者权益。具体来讲，经济业务有下列种类型：

（1）资产增加，所有者权益增加。例如：A 公司以银行存款对 B 公司追加投资。

（2）资产增加，负债增加。例如：B 公司购入一批原材料，货款未付。

（3）一项资产增加，另一项资产减少。例如：B 公司到银行提现备用。

（4）资产减少，所有者权益减少。例如：A 公司减少投资，B 公司以银行存款返还投资人的资本金。

（5）资产减少，负债减少。例如：B 公司以银行存款支付应付账款。

（6）一项负债增加，另一项负债减少。例如：B 公司的短期负债变为长期负债。

（7）一项所有者权益增加，另一项所有者权益减少。例如：B 公司将资本公积转增资本。

（8）负债增加，所有者权益减少。例如：B 公司已决定分配的利润，但利润尚未支付。

（9）负债减少，所有者权益增加。例如：A 公司将 B 公司的长期借款转对 B 公司的投资。

当企业在继续经营时，发生的经济业务会引起各个会计要素额上增减变化，这些变化一般为以下四种类型：

（1）资金进入企业。资产和权益等额增加，即资产增加，负债及所有者权益增加，会计等式保持平衡。

【例 3-2】 某企业 2015 年 1 月份从银行取得贷款 800 万元，现已办妥手续，款项已划入本企业存款账户。该项经济业务对会计等式的影响为

资产+银行存款增加=（负债+所有者权益）+银行借款增加

=2 000 万元+800 万元=2 000 万元+800 万元

=资产 2 800 万元=负债+所有者权益 2 800 万元

可以看出，会计等式两方等额增加 800 万元，等式没有破坏。

（2）资金退出企业。资产和权益等额减少，即资产减少，负债及所有者权益减少，会计等式保持平衡。

【例 3-3】 某企业支付上年未还的应付货款，已从企业账户中开出转账支票 300 万元。该项经济业务对会计等式的影响为

资产–银行存款减少额=（负债+所有者权益）–应付账款减少额

=2 800 万元–300 万元=2 800 万元–300 万元

=资产 2 500 万元=负债+所有者权益 2 500 万元

可以看出，会计等式两方等额减少 300 万元，等式没有破坏。

（3）资产形态变化。一种资产项目增加，另一种资产项目等额减少，会计等式保持平衡。

【例 3-4】 某企业开出现金支票 2 万元，以备日常开支使用。该项经济业务对会计等式的影响为

资产–银行存款减少额+现金增加额=负债+所有者权益

=2 500 万元–2 万元+2 万元=2 500 万元

=资产 2 500 万元=负债+所有者权益 2 500 万元

（4）权益类别转化。一种权益项目增加，另一种权益项目等额减少，即负债类内部项目之间、权益类内部项目之间或者负债类项目与权益类项目之间此增彼减，会计等式也保持平衡。

【例 3-5】 某企业应付给 A 公司的应付账款 100 万元，经协商同意转作 A 公司对某企业的投资款。该项经济业务对会计等式影响为

资产=负债+所有者权益–应付账款+接受长期投资

=2 500 万元=2 500 万元–100 万元+100 万元

=资产 2 500 万元=负债+所有者权益 2 500 万元

可以看出，某企业的负债类项目减少 100 万元，所有者权益项目增加 100 万元，等式右方总额没有变化，等式没有破坏。

经过上述变化后的资产负债见表 3-2。

表 3-2 资产负债表 单位：万元

资产		负债及所有者权益	
现金	0.4+2=2.4	银行借款	400+800=1 200
银行存款	57.6+800–300–2=555.6	应付账款	400–300–100=0
应收账款	282	应付职工薪酬	100
存货	960	实收资本	1 100+100=1 200
固定资产	700		
合计	2 500	合计	2 500

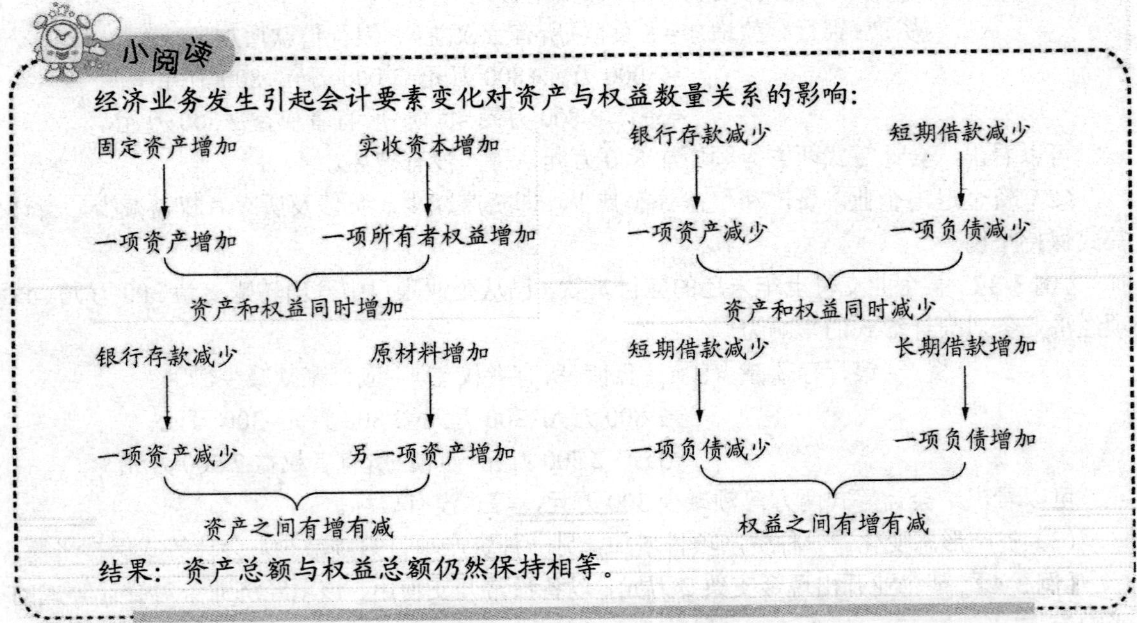

第4章 会计科目与借贷记账法

了解会计要素后，就要采用会计的方法进行会计核算，设置会计科目就是其中的方法。会计科目是指对会计要素对象的具体内容进行分类核算的项目，是企业进行各项会计记录和提供各项会计信息的基础。因此，设置会计科目就是复式记账中编制、整理会计凭证和设置账簿的基础，并能提供全面、统一的会计信息，便于投资人、债权人以及其他会计信息使用者掌握和分析企业的财务情况、经营成果和现金流量。

企业在经营过程中发生的各种各样的经济业务，会引起各项会计要素发生增减变化。由于企业的经营业务错综复杂，即使涉及同一种会计要素，也往往具有不同性质和内容。例如，固定资产和现金虽然都属于资产，但它们的经济内容以及在经济活动中的周转方式和所引起的作用各不相同；又如应付账款和长期借款，虽然都是负债，但它们的形成原因和偿付期限也是各不相同的；再如所有者投入的实收资本和企业的利润，虽然都是所有者权益，但它们的形成原因与用途不大一样。为了实现会计的基本职能，要从数量上反映各项会计要素的增减变化，就不但需要取得各项会计要素增减变化及其结果的总括数字，而且要取得一系列更加具体的分类和数量指标。因此，为了满足所有者对利润构成及其分配情况、负债及构成情况了解的需要，为了满足债务人了解流动比率、速动比率等有关指标并判断其债权人的安全情况的需要，为了满足税务机关了解企业欠缴税金的详细情况的需要，还要对会计要素作进一步的分类。会计科目按其所提供信息的详细程度及其统驭关系不同，又分为总分类科目和明细分类科目。前者是对会计要素具体内容进行总括分类，提供总括信息的会计科目，如"应收账款""原材料"等科目；后者是对总分类科目作进一步分类，提供更详细、更具体适合本企业的会计科目名称，如"应收账款"科目按债务人名称设置明细科目，反映应收账款具体对象。

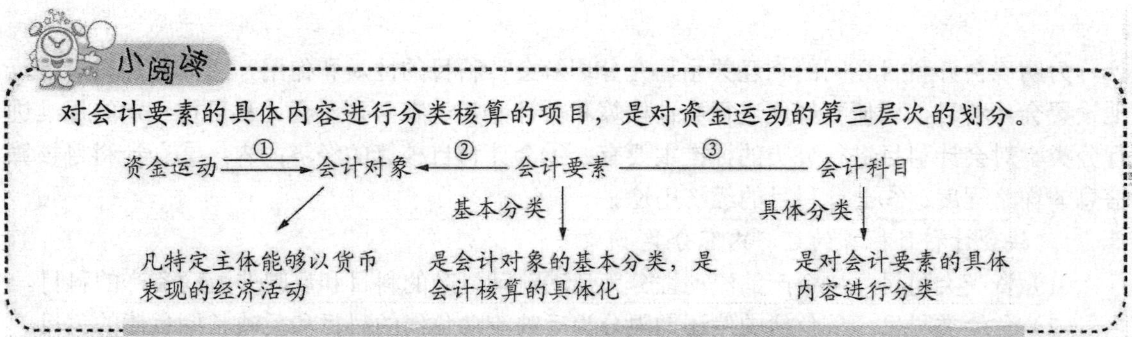

4.1 设置会计科目的原则

会计科目作为向投资者、债权人、企业经营管理者等提供会计信息的重要手段，在其设置过程中应努力做到科学、合理、适用，因此应遵循下列基本原则：

（1）合法性原则：是指所设置的会计科目应当符合国家统一的会计制度的规定。我国现行的统一会计制度中均对企业设置的会计科目作出规定，以保证不同企业对外提供的会计信息的可比性。企业应当参照会计制度中的统一规定的会计科目，根据自身的实际情况设置会计科目，但其设置的会计科目不得违反现行会计制度的规定。对于国家统一会计制度规定的会计科目，企业可以根据自身的生产经营特点，在不影响统一会计核算要求以及对外提供统一的财务报表的前提下，自行增设、减少或合并某些会计科目。

（2）相关性原则：是指所设置的会计科目应当为提供有关各方所需要的会计信息服务，满足对外报告与对内管理的要求。根据企业会计准则的规定，企业财务报告提供的信息必须满足对内、对外各方面的需要，而设置会计科目必须服务于会计信息的提供，必须与财务报告的编制相协调、相关联。

（3）实用性原则：是指所设置的会计科目应符合单位自身特点，满足单位实际需要。企业的组织形式、所处行业、经营内容及业务种类等不同，在会计科目的设置上也应有所区别。在合法性的基础上，企业应根据自身特点，设置符合企业需要的会计科目。

（4）清晰性原则：会计科目作为对会计要素分类核算的项目，要求简单明确、字义相符、通俗易懂。同时，企业对每个会计科目所反映的经济内容也必须做到界限明确，既要避免不同会计科目所反映的内容重叠的现象，也要防止全部会计科目未能涵盖企业某些经济内容的现象。

会计要素是对会计对象的基本分类。

通过设置会计科目，可以把各项会计要素的增减变化分门别类地归集起来，使之一目了然，以便为企业内部经营管理和向有关方面提供一系列具体分类核算指标。

（1）会计科目是复式记账的基础。

（2）会计科目是编制记账凭证的基础。

（3）会计科目为成本核算及财产清查提供了前提条件。

（4）会计科目为编制会计报表提供了方便。

4.2 会计科目及分类

为明确会计科目之间的相互关系，充分理解会计科目的性质和作用，进而更加科学规范地设置会计科目，以便更好地进行会计核算和会计监督，有必要对会计科目按一定的标准进行分类。对会计科目进行分类的标准主要有：①会计科目核算的经济内容；②会计科目核算信息的详略程度；③会计科目的经济用途。

1. 按会计科目核算的经济内容分类

（1）资产类科目：按资产的流动性分为反映流动资产的科目和反映非流动资产的科目。

（2）负债类科目：按负债的偿还期限分为反映流动负债的科目和反映长期负债的科目。

（3）所有者权益类科目：按权益的形成和性质可分为反映资本的科目和反映留存收益的科目。

（4）收入类科目：按收入的不同内容分为反映业务收入的科目和反映非业务收入的科目。

（5）费用类科目：按费用的不同内容和性质分为反映成本的科目、反映期间费用的科目和反映支出的科目。

按照会计科目的经济内容进行分类，遵循了会计要素的基本特征，它将各项会计要素的增减变化分门别类地进行归集，清晰反映了企业的财务状况和经营成果。

2. 按会计科目核算信息的详略程度分类

为了使企业提供的会计信息更好地满足各会计信息使用者的不同要求，必须对会计科目按照其核算信息的详略程度进行级次划分。一般情况下，可以将会计科目分为总分类科目和明细科目分类。

总分类科目又称一级科目或总账科目，是对会计要素具体内容所做的总括分类，它提供总括性的核算指标，如“固定资产”“原材料”“应收账款”“应付账款”等。明细分类科目又称二级科目或明细科目，是对总分类科目所含内容所作的更为详细的分类，它能提供更为详细、具体的核算指标，如“应收账款”总分类科目下按照具体单位名称分设的明细科目，具体反映应向该单位收取的货款金额。如果有必要，还可以在二级科目下分设三级科目、四级科目等进行会计核算，每往下设置一级都是对上一级科目的进一步分类。

在我国，总分类科目一般由财政部统一制定，各单位可以根据自身特点自行增设、删减或合并某些会计科目，以保证会计科目的要求。

3. 按会计科目的经济用途分类

经济用途指的是会计科目能够提供什么经济指标。会计科目按照其经济用途可以分为盘存类科目、结算类科目、跨期摊配类科目、资本类科目、调整类科目、集合分配类科目、成本计算类科目、损益计算类科目和财务成果类科目等。

为了便于会计账务处理程序的电算化，提高会计核算的速度和质量，每个会计科目都必须规定固定的编号。表 4-1 中的编码采用 4 位编号法，从左到右排列，第一位数字代表会计科目大类，分别用 1～6 表示，“1”表示资产类，“2”表示负债类，“3”表示共同类，“4”表示所有者权益类，“5”表示成本类，“6”表示损益类；第二位数字代表大类下的小类；第三位和第四位数字代表会计科目的顺序号。四位数字连在一起就表示一个具体的会计科目，如“1601”代表的会计科目为“固定资产”，其中第一位“1”表示它是资产类，第二位“6”表示它是资产类中较为长期拥有的资产，第三位和第四位“01”表示它是这一类的第一个科目。

表 4-1　　会计科目表

1. 资产类	1401 材料采购	1711 商誉	1606 固定资产清理
1001 库存现金	1402 在途物资	1801 长期待摊费用	1701 无形资产
1002 银行存款	1403 原材料	1811 递延所得税资产	1702 累计摊销
1015 其他货币资金	1406 库存商品	1901 待处理财产损溢	1703 无形资产减值准备
1101 交易性金融资产	1407 发出商品	1525 长期股权投资减值准备	2. 负债类
1121 应收票据	1412 包装物及低值易耗品	1526 投资性房地产	2001 短期借款
1122 应收账款	1461 存货跌价准备	1531 长期应收款	2101 交易性金融负债
1123 预付账款	1501 待摊费用	1601 固定资产	2201 应付票据
1131 应收股利	1521 持有至到期投资	1602 累计折旧	2202 应付账款
1132 应收利息	1522 持有至到期投资减值准备	1603 固定资产减值准备	2205 预收账款
1231 其他应收款	1523 可供出售金融资产	1604 在建工程	2211 应付职工薪酬
1241 坏账准备	1524 长期股权投资	1605 工程物资	2221 应交税费

续表

2231 应付股利	2811 专项应付款	4201 库存股	6101 公允价值变动损益
2232 应付利息	2901 递延所得税负债	5．成本类	6111 投资收益 6301 营业外收入
2241 其他应付款	3．共同类	5001 生产成本	6401 主营业务成本
2411 预计负债	3101 衍生工具	5101 制造费用	6402 其他业务支出
2501 递延收益	3201 套期工具	5201 劳务成本	6405 营业税金及附加
2601 长期借款	3202 被套期项目	5301 研发支出	6601 销售费用
2602 长期债券	4．所有制权益	5401 工程施工	6602 管理费用
2801 长期应付款	4001 实收资本	5402 工程结算	6603 财务费用
2802 未确认融资费用	4002 资本公积	5403 机械作业	6701 资产减值损失
2811 专项应付款	4101 盈余公积	6．损益类	6711 营业外支出
2801 长期应付款	4103 本年利润	6001 主营业务收入	6801 所得税
2802 未确认融资费用	4104 利润分配	6051 其他业务收入	6901 以前年度损益调整

应特别注意，在人工系统下，会计人员进行账务处理时，不得只有编号而无会计科目名称。在会计电算化系统中，应首先设计“会计科目名称及编号表”，以便对电算化的会计处理进行审查和审计监督。会计科目编号在进行会计手工核算中作用不大，但在会计电算化时作用是比较大的，计算机是通过编号来识别科目名称和进行数据处理的，因此在会计电算化时要使用统一的会计科目编号。

4.3 账　户

会计科目对会计要素的具体内容进行分类记录是通过设置“账户”进行的。账户作为记录和反映经济业务活动的一种形式，就是对会计要素的具体内容所作的科学的分类。例如，在企业拥有或控制的资产中，有现金、原材料、固定资产等具体项目，就必须相应地设置“现金”“原材料”“固定资产”等资产类账户；在企业的负债中，有短期借款和长期借款等具体项目，就必须相应地设置“短期借款”“长期借款”等负债类账户；在企业的所有者权益中，有实收资本、盈余公积等具体项目，就必须相应地设置“实收资本”“盈余公积”等所有者权益类账户。

1．账户与会计科目的区别与联系

会计科目是账户的名称，也是设置账户的依据，账户以会计科目作为户头，会计科目的内容通过账户反映出来。会计科目是对会计要素的具体内容进行分类核算的项目；账户是根据这种分类，按照一定的结构特点，连续不断地记录经济业务，反映会计要素具体内容增减变化及其结果，为经济管理提供数据资料的一种手段。

会计科目与账户的共同点是：它们都分门别类地反映某项经济内容，即两者所反映的经济内容是相同的。

会计科目与账户的主要区别是：会计科目只表明某项经济内容，而账户不仅表明相同的经济内容，还具有一定的结构和格式，并通过其结构反映某项经济内容的增减变动情况。也就是说，会计科目仅仅是对会计要素具体内容进行分类的标志，而账户还具有一定的结构和格式。

由于账户是根据会计科目设置的，并按照会计科目命名，即会计科目是账户的名称，两者基本一致，因而在实际工作中，会计科目与账户常被作为同义语来理解，互相通用，不加区别。

在实际工作中，为满足会计核算的要求，应分别按总分类科目开设总分类账户，按明细分类科目开设明细分类账户。总分类账户提供的是总括分类核算指标，因而一般只用货币计量；明细分类账户提供的是明细分类核算指标，因而除用货币量度外，有的还用实物量度（如吨、千克、件、台等）。通过总分类账户进行的核算，称为总分类核算；通过明细分类账户进行的核算，称为明细分类核算。

2. 账户的功能及结构

账户的基本功能是便于对各项经济业务所引起的企业资产、负债、所有者权益、成本、损益的变动数额分门别类和有条不紊地进行归集、汇总。要使账户发挥其功能，不仅要确定其名称和进行分类，还要使其具备相应的结构。所有经济业务的发生所引起的企业资产、负债、所有者权益等的变动，从数量上看，不外乎“增加”和“减少”两种情况。因此，每个账户起码要划分出两个方位，即一方登记增加额，另一方登记减少额，这是一切账户的基本结构。我们可以将账户基本结构简化为左方（记账符号为“借”）、右方（记账符号为“贷”），即“丁字形”账户，账户之间最本质的差别在于所反映的经济内容不同。

对于资产、成本、费用类账户，借方登记增加额，贷方登记减少额；对于负债、所有者权益、收入类账户，借方登记减少额，贷方登记增加额。

账户中登记本期增加的金额，称为本期增加发生额；登记本期减少的金额，称为本期减少发生额；增减相抵后的差额，称为余额。余额按照时间不同，分为期初余额和期末余额。其基本关系如下

期末余额=期初余额+本期增加发生额–本期减少发生额

对于资产、成本、费用类账户：

期末余额=期初余额+本期借方发生额–本期贷方发生额

对于负债、所有者权益、收入类账户：

期末余额=期初余额+本期贷方发生额–本期借方发生额

账户的内容具体包括账户名称、记录经济业务的日期、所依据记账凭证编号、经济业务摘要、增减金额、余额等。

4.4 借贷记账法

4.4.1 记账方法的概念

要进行会计核算，首先要根据会计科目设置账户。但账户仅仅是分类记录和反映经济业务的一种工具，要全面、系统、连续地记录和反映经济业务，还必须采用一定的方法把经济业务记入有关账户。登记账簿必须采用科学的记账方法。

记账方法是根据一定原理、记账符号、记账规则，采用一定计量单位，利用文字和数字在账簿中记录经济业务活动的一种专门方法。

4.4.2 记账方法的种类

记账方法按其记录经济业务的方式不同，可分为单式记账法和复式记账法两大类。

1. *单式记账法*

单式记账法是一种简单而又不完整的记账方法，它对每一项经济业务，只在一个账户中登记，反映经济业务的一个方面，一般只反映现金收付及人欠、欠人事项，而不反映现金收付及债权、债务的对象。例如，以现金支付费用只记录现金支出而不记录费用发生。

下面举例说明单式记账法。

【例 4-1】 购进材料 6 000 元，货款暂欠。在单式记账法下，对于这笔业务，只在“应付账款”账户中登记债务增加 6 000 元，而不登记“原材料”账户。只有偿付应付账款时，才同时登记“库存现金（或银行存款)”和“应付账款”账户。

单式记账法的优点是记账比较简单，但它不能全面、系统地反映每项经济业务的来龙去脉，因而不利于经济管理，不利于实行会计监督，也不便于检查账户记录的正确性，因此，此方法仅适用于经济活动十分简单的个体企业。

2. *复式记账法*

复式记账法是相对于单式记账法而言的，它是对每一项经济业务都同时在两个或两个以上的有关账户中相互联系地进行登记，能反映经济业务的来龙去脉，是一种较为完善的记账方法。当前，我国企业、机关、事业单位和其他组织均采用复式记账法。任何一项经济业务的发生，都会引起至少两个账户发生增减变动，而且涉及这些账户变动的金额必须相等。为全面、完整地把这些经济业务记录下来，反映经济业务的来龙去脉，必须进行复式记账。

下面举例说明复式记账法。

【例 4-2】 购进一台不需安装的设备，价值 700 000 元，货款暂欠。在复式记账法下，这笔业务不仅应在“应付账款”账户中登记增加 700 000 元，同时还要在“固定资产”账户中登记增加 700 000 元。

可见，复式记账法与单式记账法相比，具有以下两个特点：

（1）复式记账法能够完整地反映每一项经济业务的来龙去脉，能够反映经济活动的全貌。因为复式记账法对每一笔经济业务都以相等的金额在两个或两个以上的有关账户中相互联系地进行登记，可清楚而全面地反映出经济活动的情况，也便于管理人员了解经济业务全貌，以加强资金管理。

（2）在复式记账法下，由于每一项经济业务都涉及两个或两个以上相关账户，能使账户之间形成相互对应的平衡关系。利用这种对应关系，可以检查入账的正确性，便于核对、检查账目。

复式记账法是一种科学、全面、系统地反映经济业务的记账方法，包括借贷记账法、增减记账法和收付记账法。后两种方法已经成为历史，借贷记账法是世界上普遍采用的记账方法，我国《企业会计准则》规定，企业应当采用借贷记账法记账。

4.4.3 借贷记账法的概念

借贷记账法是用“借”与“贷”作为记账符号的一种复式记账法。借贷记账法的基本内容包括六个方面：记账符号、设置账户、账户结构、记账规则、会计分录、试算平衡。

借贷记账法的记账符号，以“借”和“贷”为记账符号表示增加或减少。在借贷记账法下，设置资产类、负债类、所有者权益类、共同类、成本类和损益类六大类账户。其具体账户的结构我们约定：①资产类账户：核算资产的增减变动及结果。借方登记增加，贷方登记减少，余额在借方。②负债类账户：核算负债的增减变动及结果。借方登记减少，贷方登记增加，余额在贷方。③所有者权益类账户：核算所有者权益项目的增减变动及结果。借方登记减少，贷方登记增加，余额在贷方。④成本类账户：借方登记增加，贷方登记减少，余额在借方。⑤损益类账户：借方登记减少或转销额，贷方登记增加，平时余额在贷方，期末结账后无余额。其记账规则即为有借必有贷，借贷必相等。

当有了这些知识后，面对企业经济业务，我们记录下来，即把每笔经济业务所涉及的记账符号（记账方向）、账户名称（会计科目）和金额分别写成一个特定形式的记录，则为会计分录。如：

借：库存现金　　1 000.00
　　贷：银行存款　　10 000.00

4.4.4　款项和有价证券的收付

4.4.4.1　主要账户设置

1. “库存现金”账户

（1）性质：资产类。

（2）用途：核算企业的库存现金。

（3）结构：

借	贷
企业增加的库存现金	企业减少的库存现金
余额：企业实际持有的库存现金	

（4）明细账设置：按币种设置现金日记账。

2. “银行存款”账户

（1）性质：资产类账户。

（2）用途：核算企业存入银行或其他金融机构的各种款项。

（3）结构：

借	贷
企业增加的银行存款	企业减少的银行存款
余额：企业在银行或其他金融机构各种款项的余额	

（4）明细账设置：按开户行和其他金融机构及存款种类（活期或定期存款等）设置。

4.4.4.2　主要经济业务的账务处理

1. 提现的账务处理

【例 4-3】 从建设银行提现 10 000 元备用。

借：库存现金　　10 000
　　贷：银行存款　　10 000

2. 存现的账务处理

将现金 3 000 元存入银行

借：银行存款　　3 000

贷：库存现金 3 000

4.4.5 交易性金融资产

4.4.5.1 主要账户设置

1. “交易性金融资产”账户

（1）性质：资产类。

（2）用途：核算企业为交易目的所持有的债券、股票、基金投资等公允价值。

（3）结构：

借	贷
企业取得公允价值	企业出售的账面价值
余额：交易性金融资产的公允价值	

（4）明细账设置：按交易性金融资产的类别和品种（债券、股票、基金）设置。

2. 其他货币资金（存出投资款）

（1）性质：资产类。

（2）用途：核算企业其他货币资金的内容。

（3）结构：

借	贷
企业从银转入证券公司的款项	企业从证券公司转主银行款项
余额：企业在证券公司开设的资金账户余额	

（4）明细账设置：按开户的证券公司设置。

3. “投资收益”账户

（1）性质：损益类。

（2）用途：核算企业投资收益或投资损失。

（3）结构：

借	贷
1. 为取得交易性金融资产支付的交易费 2. 出售交易性金融资产发生的投资损失 3. 期末结转交易性金融资产投资收益	1. 出售交易性金融资产获得的投资收益 2. 期末结转交易性金融资产投资损失

（4）明细账户设置：按债券、股票、基金投资等投资项目设置。

4.4.5.2 主要经济业务的账务处理

1. 取得交易性金融资产及支付交易费用的账务处理

【例 4-4】长江公司购买 A 股票，将其基本账户中的 2 200 万转入证券公司开设的资金账户，委托证券公司购买 A 股票 200 万股，并划分为交易性金融资产，A 公司股票的公允值是 2 000 万，长江公司支付了相关交易费用 5 万。

借：其他货币资金——存出投资款 22 000 000

贷：银行存款 22 000 000

借：交易性金融资产——成本 20 000 000

投资收益 50 000

贷：其他货币资金——存出投资款　　　　20 050 000

注意：取得交易性金融资产发生的交易费用应直接计入投资收益。

2. 出售交易性金融资产及支付交易费用的账务处理

长江公司出售了 A 公司股票 200 万股，每股 12 元，长江公司支付了相关交易费用 6 万元。

借：其他货币资金——存出投资款（200 万×12）−60 000=23 940 000

贷：交易性金融资产——成本　　　　20 000 000

投资收益　　　　23 940 000−20 000 000=3 940 000

月末结转：

借：投资收益：　　　　3 890 000

贷：本年利润：　　　　3 890 000

注意：出售交易性金融资产发生的交易费用应直接冲减投资收益，并从出售交易性金融资产所得款项中直接扣除。

4.4.6　原材料

4.4.6.1　主要账户设置

1. “在途物资”账户（正在采购途中）

（1）性质：资产类。

（2）用途：核算企业采用实际成本进行材料核算时，材料已采购但尚未到达或未入库的材料采购成本；采购成本包括购买价款、相关税费、运输费、保险费等。

小规模纳税人企业的采购成本=价+税+费。

（3）结构：

借	贷
购入材料的采购成本	已验收入库的采购成本
余额：尚未入库	

（4）明细账设置：按供应单位和物资品种设置。

2. “原材料”账户（已验收入库）

（1）性质：资产类。

（2）用途：核算企业库存材料（原材料包括主要材料、辅助材料、外购半成品、修理备用件、包装材料、燃料等）。

（3）结构：

借	贷
验收入库的实际成本	发出材料的实际成本
余额：库存材料成本	

（4）明细账设置：按原材料的类别、品种、规格设置。

3. “应付账款”账户

（1）性质：负债类。

（2）用途：核算企业因购买材料、商品和接受劳务等经营活动应付给供应单位的款项。

（3）结构：

借	贷
偿还应付账款 红冲上月暂估入账的应付款	应付未付 月末暂估入账的应付款
余额：期末预付	余额：应付款

（4）明细账设置：按供应单位设置。

4. “应付票据”账户（6个月期限）

（1）性质：负债类。

（2）用途：核算企业因购买材料、商品和接受劳务等开出、承兑的商业汇票（银行和商业承兑）。

（3）结构：

借	贷
承兑金额 红冲上月暂估入账的应付款	应付未付票据 月末暂估入账的应付款
	余额：期末未偿付票据

（4）明细账设置：按债权人进行明细核算。票据详细资料包括签发日期、金额、收款人、付款日期。

5. “应交税费”账户

（1）性质：负债类。

（2）用途：核算企业按照税法等规定计算应交纳的各项税费，包括增值税、消费税、营业税、所得税、资源税、土地增值税、城市维护建设税、房产税、土地使用税、车船税、教育费附加、矿产资源补偿费等。

（3）结构：

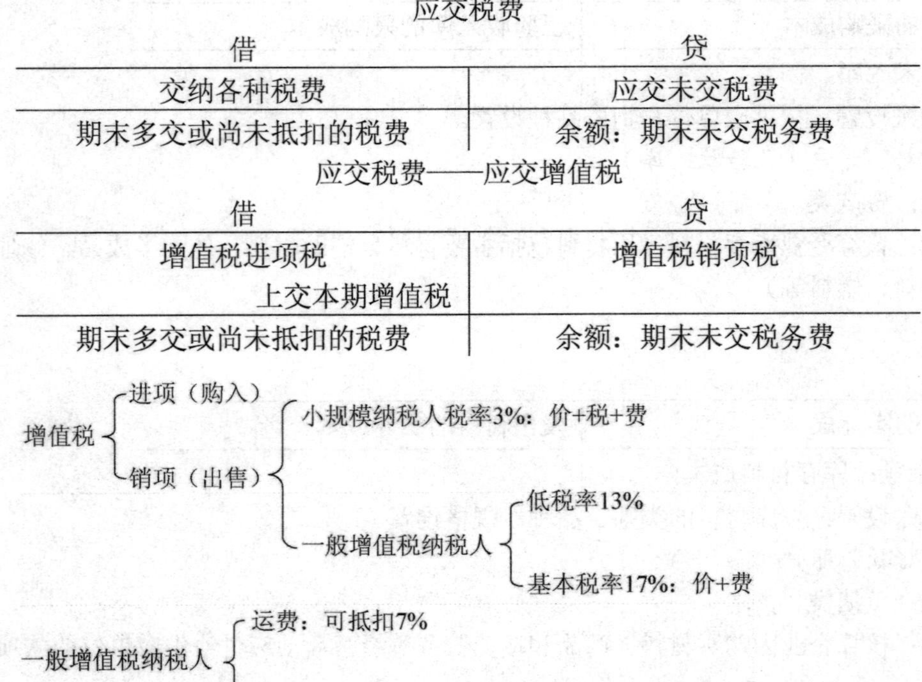

应交税费

借	贷
交纳各种税费	应交未交税费
期末多交或尚未抵扣的税费	余额：期末未交税务费

应交税费——应交增值税

借	贷
增值税进项税 上交本期增值税	增值税销项税
期末多交或尚未抵扣的税费	余额：期末未交税务费

（4）明细账设置：按税种设置。

【例 4-5】 企业购入一批商品，价款是 10 万元，运费是 1 000 元，用银行存款付款。

借：库存商品　　10 万+（1 000–1 000×7%）=100 930

　　应交税费——应交增值税——进项税　　10 万×17%+1 000×7%=17 070

　　贷：银行存款　　118 000

【例 4-6】 企业购入一批商品，价款是 10 万元，运杂费是 1 000 元，用银行存款付款。

借：库存商品　　10 万+1 000=101 000

　　应交税费——应交增值税——进项税　　10 万×17%=17 000

　　贷：银行存款　　118 000

6. “预付账款“账户

（1）性质：资产类。

（2）用途：核算企业预付定金或款项。

（3）结构：

借	贷
预付款项 补付货款	购货支付货款 退回多余款项
余额：月末预付款项	余额：尚未补付款项

（4）明细账设置：按供应单位设置。

7. “生产成本”账户

（1）性质：成本类。

（2）用途：归集和分配生产过程中发生的各项费用 { 直接材料费用；直接人工费用；间接费用（制造费用）

（3）结构：

借	贷
各项费用	月末完工产品
余额：尚不完成产品	

（4）明细账设置：按产品的品种分类设置。

8. 制造费用

（1）性质：成本类。

（2）用途：归集和分配企业制造部门为生产产品发生的各项间接费用 { 车间管理人员工资；车间水电费；车间机器折旧（车间固定资产折旧）

（3）结构：

借	贷
各项间接费用	月末分配结转的制造费用

（4）明细账设置：按不同车间、部门和费用项目设置。

9. “管理费用”账户

（1）性质：损益类。

（2）用途：核算企业为组织和管理生产经营发生的管理费用 { 行政管理人员工资等；生产车间和行政管理部门等发生的固定资产修理费用

（3）结构：

借	贷
发生各项管理费用	月末转入“本年利润”账户金额

月末结转分录：

借：本年利润

　贷：管理费用

（4）明细账设置：按费用项目设置。

注意：销售部门固定资产维修属于销售费用，而生产车间和行政管理部门的固定资产维修属于管理费用。

4.4.6.2 主要经济业务的账务处理

1. 购买原材料

凡是专门为采购某种材料而发生的采购费用，应直接记入该种材料的采购成本。

对于不能直接归属于某一种材料的采购费用，要按一定的标准，在有关材料之间进行分配材料采购费用。

分配率=应该承担费用/买价（有关材料之和）

实际成本计价时，材料采购可设置“在途物资“账户；计划成本计价时，材料采购可设置“材料采购”和“材料成本差异”账户。

2. 发出原材料的账务处理

（1）存货发出成本计算。

1）个别计价法
- 优点：成本计算准备
- 缺点：工作量大
- 适用范围：珠宝、古董、汽车等贵重品，差价大，流动量小的企业

2）先进先出法
- 优点：可随时结出存货成本
- 缺点：比较烦琐，工作量大
- 适用范围：食品加工厂、服装厂

3）月末一次加权平均法。

存货单位成本=月初成本金额+本月购入成本金额/月初数量+本月购入数量

本月发出成本=本月发出数量×存货单位成本

本月月末库存存货成本=月末库存数量×存货单位成本

优点：工作量小；缺点：不能随时结出余额。

4）移动加权平均法。

存货单位成本=原有存货的成本+本次购入成本/原有存货数量+本次购入数量

本月发出存货成本=本次发出存货数量×本次发出存货前存货单位成本

本月月末库存存货成本=月末库存存货数量×本月月末存货单位成本

优点：信息详细；缺点：工作量大。

（2）计划成本计价条件下的原材料经济业务处理技巧：材料成本差异在借方，表示超支，计算时取+号；反之，材料成本差异在贷方，表示节约，取–号。简单记忆：代赴约（代

理别人赴约）就是代（贷方的贷的同音字）赴（负号的负的同音字）约（节约）。

材料成本差异=实际成本−计划成本

材料成本差异率=(月初差异+本月进入差异)/(月初的计划成本+本月进入的计划成本)×100%

计划成本统计下的发出材料期末必须调整为实际成本。

1. 领用原材料会计分录

生产车间直接领用{直接人工、直接材料}生产成本

车间领用—制造费用

行政管理部门领用—管理费用

借：生产成本

　　制造费用

　　管理费用

　　贷：原材料

2. 月末结转制造费用会计分录

借：生产成本

　　贷：制造费用

3. 月末结转完工产品会计分录

借：库存商品

　　贷：生产成本

4. 出售时结转产品成本分录

借：主营业成本

　　贷：库存商品

4.4.7 库存商品

4.4.7.1 主要账户设置

1. “库存商品”账户

（1）性质：资产类。

（2）用途：核算企业完工并验收入为产品实际成本。

（3）结构：

借	贷
验收入库产品	出售时产品的成本
余额：月末留存成本	

（4）明细账设置：按品名、种类和规格分类设置。

2. “主营业务成本”账户

（1）性质：损益类。

（2）用途：核算企业确认销售商品，提供劳务及让渡资产使用权等主营业务收入时应结转的成本。

（3）结构：

借	贷
日常活动发生的实际成本	期末转入“本年利润”账户已销售产品成本

（4）明细账设置：按主营业务种类设置。

4.4.7.2 主要经济业务的账务处理

购进货物 借：库存商品应交税费——应交增值税（进项税额）

贷：库存现金/银行存款/应付账款销售货物

借：库存现金/银行存款/应收账款

贷：主营业务收入

应交税费——应交增值税（销项税额）结转成本

借：主营业务成本

贷：库存商品

4.4.8 固定资产

4.4.8.1 主要账户设置

1.“固定资产”账户（历史成本计量）

（1）性质：资产类。

（2）用途：核算固定资产原始价值。

（3）结构：

借	贷
固定资产原值	减少原值
余额：期末现在原值	

（4）明细账设置：按固定资产类别和项目设置。

2.“累计折旧”账户

（1）性质：资产类（是固定资产的备抵账户）。

（2）用途：核算固定资产发生的累计折旧。

（3）结构：

借	贷
固定资产折旧减少数或转销数	固定资产计提折旧额
	余额：期末现在固定资产累计折旧

（4）明细账设置：按固定资产类别和项目设置。

4.4.8.2 主要经济业务的账务处理

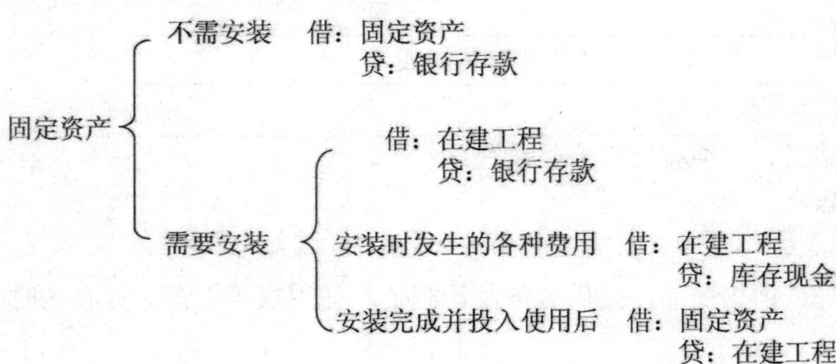

计提折旧　借：管理费用/销售费用

　　　　　　　贷：累计折旧

4.4.9　应收及预付款项

4.4.9.1　主要账户设置

1. “应收账款”账户

（1）性质：资产类。

（2）用途：核算企业因销售产品、提供劳务等应向购货单位或接受劳务单位收取款项。

（3）结构：

借	贷
应收款项	已收回款项
余额：尚未收回款项	

（4）明细账设置：按债务人设置。

2. “应收票据”账户

（1）性质：资产类。

（2）用途：核算企业因销售产品、提供劳务等而收到的商业汇票（银行承兑和商业承兑）。

（3）结构：

借	贷
应收票据增加	收回的票据应收款
余额：尚未到期的票据应收款	

（4）明细账设置：按债务人设置。

3. “主营业务收入”账户

（1）性质：损益类。

（2）用途：核算企业因销售产品、提供劳务及让渡资产使用权等日常活动所产生的收入。

（3）结构：

借	贷
退货	取得收入
期末转入“本年利润”账户数额	

（4）明细账设置：按主营业务种类设置。

4. “其他应收款”账户

（1）性质：资产类。

（2）用途：核算单位对个人的各种应收及暂付款（预借差旅费）。

（3）结构：

借	贷
退货	取得收入
期末转入“本年利润”账户数额	

（4）明细账设置：按主营业务种类对方单位或个人设置。

不含税价=含税价/（1+17%）

5. “坏账准备”账户

（1）性质：资产类。

（2）用途：核算企业应收款项的坏账准备。

（3）结构：

借	贷
冲减的坏账准备 应收款项无法收回而转销的坏账	计提坏账准备 已转销的应收款项又收回增加的坏账
	余额：已计提但尚未转销的坏账

（4）明细账设置：按应收款项的类别设置。

坏账准备的账务处理方法：多退少补。

6. “资产减值损失”账户

（1）性质：损益类。

（2）用途：核算企业计提各项资产减值准备所形成的损失。

（3）结构：

借	贷
应收款项发生的减值 未转入“本年利润”账户损失减少额	应收款项的价值得以恢复而减少的损期 期末转入“本年利润”账户减值损失

（4）明细账设置：按资产减值损失项目设置。

4.4.9.2 主要经济业务的账务处理

购进货物 借：库存商品

应交税费——应交增值税（进项税额）

贷：库存现金/银行存款/应付账款销售货物

借：库存现金/银行存款/应收账款

贷：主营业务收入

应交税费——应交增值税（销项税额）

4.4.10 应付款项

4.4.10.1 主要账户设置

1. 应付账款

（1）性质：负债类。

（2）用途：核算企业因购买产品、接受劳务等应向供货单位或提供劳务单位支付的款项。

（3）结构：

借	贷
已支付款项	应付款项
	余额：尚未支付款项

（4）明细账设置：按债权人设置。

2. “应付职工薪酬”账户

（1）性质：负债类。

（2）用途：核算企业根据有关根定应付给职工的各种薪酬。

（3）结构：

借	贷
实际支付薪酬	应付职工的各种薪酬
	余额：应付未付

（4）明细账设置：按工资、福利、保险等设置。

3. “其他应付款”账户

（1）性质：负债类。

（2）用途：核算企业其他各项应付款。

（3）结构：

借	贷
实际支付	应付款
	余额：应付未付

（4）明细账设置：按其他应付款的项目和对方单位（或个人）设置。

4. “应交税费账户

（1）性质：负债类。

（2）用途：核算企业经营活动中发生的营业税、城市维护建设税、消费税、资源税和教育费附加。

（3）结构：

借	贷
企业已缴纳的各项税金	企业应缴纳的各种税金
企业多缴纳的各种税金	企业应缴未缴的各种税金

（4）明细账设置：按企业应缴纳的各种税金种类设置。

5. “营业税金及附加”账户

（1）性质：损益类。

（2）用途：核算企业经营活动中发生的营业税、城市维护建设税、消费税、资源税和教育费附加。

（3）结构：

借	贷
企业负担的各项税金及附加（增加）	期末转入“本年利润”账户的各项税金及附加

4.4.10.2　主要经济业务的账务处理

【例 4-7】　一般纳税人 2009 年 9 月 30 日销售收入 20 万元，增值税为 34 000 元，该商品成本为 13 万，支付相关费用为 2 万元，计算出企业的增值税、营业税和企业所得税。

会计分录如下：

1. 确认收入　借：银行存款　　234 000

　　　　　　　　贷：主营业务收入　　200 000

应交税费——应交增值税——销项税 34 000

2．确认成本 借：主营业务成本 130 000

贷：库存商品 130 000

3．确认费用 借：管理费用 20 000

贷：库存现金 20 000

4．计提税务费 借：营业税金及附加 11 200

贷：应交税费——应交营业税 200 000×5%=10 000

——应交城市维护建设税 10 000×7%=700

——应交教育费附加 10 000×3%=300

——应交地方教育费附加 10 000×2%=200

（1）增值税=34 000 元

（2）营业利润=20 万（主营业务收入）–13 万（主营业务成本）–2 万（期间费用）–11 200（营业税费）=38 800 元

（3）利润总额=38 800+0（利得）– 0（损失）=38 800 元

（4）所得税=38 800（利润总额）×25%=9 700 元

4.4.11 借款

4.4.11.1 主要账户设置

1.“短期借款”账户

（1）性质：负债类。

（2）用途：核算企业借款期限≤1 年。

（3）结构：

借	贷
实际偿还	取得借款
	余额：尚未偿还

（4）明细账设置：按借款种类、贷款人和币种设置。

2.“长期借款”账户

（1）性质：负债类。

（2）用途：核算企业借款期限＞1 年。

（3）结构：

借	贷
实际偿还	取得借款
	余额：尚未偿还

（4）明细账设置：按借款种类、贷款单位设置。

注意：长期借款利息与短期借款利息处理的区别。

3.“财务费用”账户

（1）性质：损益类。

（2）用途：核算企业为筹集生产经营所需资金而发的费用，包括利息支出及相关手续费。

（3）结构：

借	贷
各项财务费用	期末转入“本年利润”账户余额

4. “应付利息”账户

（1）性质：负债类。

（2）用途：核算企业按照合同约定应支付利息。

（3）结构：

借	贷
实际支付	应付未付
	余额：应付未付

（4）明细账设置：按债权人设置。

4.4.11.2　主要经济业务的账务处理

长期借款
- 筹建期间借款利息—管理费用
- 生产经营期间借款利息—财务费用
- 购建固定资产时
  - 可以资本化：在建工程（购建）
  - 不予资本化：达到预期使用状态

4.4.12　资本的增减

1. “实收资本”账户

（1）性质：所有者权益类。

（2）用途：核算投资者按规定投入企业的资本（股份公司投入资本称“股本”）。

（3）结构：

借	贷
减资	投入资本
	余额：投入资本总额

（4）明细账设置：按投资者设置。

2. “资本公积”账户

（1）性质：所有者权益类。

（2）用途：核算企业收到投资者出资额超过注册资本或股本的那部分数额，直接计入所有者权益利得和损失。

（3）结构：

借	贷
资本公积减少	资本公积增加
	余额：资本公积累计额

（4）明细账设置：按资本或股本溢价、其他资本公积设置。

3. “无形资产”账户

（1）性质资产类。

（2）用途：核算企业持有的无形资产成本，包括专利权、非专利技术、商标权、著作权、土地使用权。

（3）结构：

借	贷
无形资产价值增加	无形资产价值减少
余额：无形资产成本	

（4）明细账设置：按无形资产项目设置。

4.4.13 收入、成本和费用

4.4.13.1 主要账户设置

1. “主营业务收入”账户

（1）性质：损益类。

（2）用途：核算企业主营业务经营活动实现收入。

（3）结构：

借	贷
期末转入“本年利润”账户数额	主营业务收入

（4）明细账设置：按主营业务收入种类设置。

2. “其他业务收入”账户

（1）性质：损益类。

（2）用途：核算企业除主营业务收入以外的其他经营活动实现收入，包括出租固定资产、出租无形资产、出租包装物和商品、销售材料。

（3）结构：

借	贷
期末转入“本年利润”账户数额	其他业务收入

（4）明细账设置：按其他业务收入种类设置。

3. “预收账款”账户

（1）性质：负债类。

（2）用途：核算企业按合同规定向购货单位预收的款项。

（3）结构：

借	贷
结算的款项	收到预收款
余额：应收款项	余额：预收的款项

（4）明细账设置：按购货单位设置。

4. “制造费用”账户

（1）性质：成本类。

（2）用途：核算企业车间管理人员及非生产人员的职工薪酬、车间发生的机物料消耗、车间固定资产折旧等。

（3）结构：

借	贷
车间发生的费用	月末结转到生产成本

（4）明细账设置：按车间发生的各种费用设置。

5. “其他业务成本”账户

（1）性质：损益类。

（2）用途：核算企业按合同规定向购货单位预收的款项。

（3）结构：

借	贷
结算的款项	收到预收款
余额：应收款项	余额：预收的款项

（4）明细账设置：按购货单位设置。

6. “销售费用”账户

（1）性质：损益类。

（2）用途：核算企业销售商品、提供劳务等过程中发生的各种费用。

（3）结构：

借	贷
销售商品时发生的各项费用	期末转入“本年利润”账户数额

（4）明细账设置：按费用的项目设置。

7. “管理费用”账户

（1）性质：损益类。

（2）用途：核算企业行政管理部门发生的各种费用。

（3）结构：

借	贷
行政管理部门发生的各种费用	期末转入“本年利润”账户数额

（4）明细账设置：按费用的项目设置。

8. “财务费用”账户

（1）性质：损益类。

（2）用途：核算企业在银行等金融机构中发生的各种费用，包括银行手续费。

（3）结构：

借	贷
在银行等金融机构中发生的各项费用	期末转入“本年利润”账户数额

（4）明细账设置：按费用的项目设置。

4.4.13.2 主要经济业务的账务处理

费用报销 借：管理费用/销售费用/财务费用
　　贷：库存现金/银行存款

计提工资 借：管理费用/销售费用
　　贷：应付职工薪酬

支付工资 借：应付职工薪酬
　　贷：库存现金

计提税金 借：营业税金及附加
　　贷：应交税费——应交城建税、教育费附加等

计提所得税 借：所提税费用
　　贷：应交税费——应交企业所得税

4.4.14 利润

4.4.14.1 主要账户设置

1. “本年利润”账户

（1）性质：所有者权益类。

（2）用途：核算企业实现的净利润。

（3）结构：

借	贷
转入所有费用和损失的数额 结转本期实现净利润	转入收入、利得的数额 结转本期发生净亏损

2. “所得税费用”账户

（1）性质：损益类。

（2）用途：核算企业按规定从当期利润总额中减去的所得税费用。

（3）结构：

借	贷
企业发生的所得税费用	期末转入“本年利润”账户数额

3. “利润分配“账户

（1）性质：所有者权益类。

（2）用途：核算企业利润分配或亏损弥补和历年分配或弥补后的余额。

（3）结构：

借	贷
自本年利润账户转入的净亏损 当年对净利润分配	自本年利润账户转入的净利润
余额：历年累计弥补的亏损	余额：历年累计未分配利润

（4）明细账设置：包括提取法定盈余公积、任意盈余公积、应付现金股利或利润、转作股本股利、盈余公积补亏和未分配利润等，期末将利润分配账户下的其他明细账余额转入本

账户的未分配利润，结转后除未分配利润外，该账户无余额。

4. “盈余公积“账户

（1）性质：所有者权益类。

（2）用途：核算企业从净利润中提取的盈余公积。

（3）结构：

借	贷
用盈余公积弥补亏损额	提取盈余公积数额
余额：盈余公积的结余额	

（4）明细账设置：包括法定盈余公积。

5. “应付股利“账户

（1）性质：负债类。

（2）用途：核算企业确定分配的现金股利或利润。企业分配的股票股利不通过本账户核算。

（3）结构：

借	贷
实际支付股利	分配的利润
余额：已分配但尚未支付的股利	

（4）明细账设置：包括投资者。

4.4.14.2　主要经济业务的账务处理

1. 先结转收入

借：主营业务收入
　　其他业务收入
　　营业外收入
　　贷：本年利润

2. 结转成本、费用和税金

借：本年利润
　　贷：主营业务成本
　　　　主营业务税金及附加
　　　　其他业务支出
　　　　销售费用
　　　　管理费用
　　　　财务费用
　　　　营业外支出
　　　　所得税

3. 结转投资收益

净收益的：

借：投资收益
　　贷：本年利润

净损失的：

借：本年利润

　　贷：投资收益

4. 年度结转利润分配

将本年的收入和支出相抵后的结出的本年实现的净利润：

借：本年利润

　　贷：利润分配——未分配利润

如果是亏损：

借：利润分配——未分配利润

　　贷：本年利润

第5章 建 账

当我们对会计初步了解后，需要做的就是建账，这样也可以帮助初学者更好地巩固会计基础知识。建账实际上就是会计核算方法中的登记账簿。

首先，与企业规模相适应。企业大小与业务量是成正比的，规模大的企业，业务量多，分工复杂，会计账簿的种类和数量就多；而规模小的企业，业务量少，分工简单，会计账簿的种类和数量就少，有时候明细账甚至可以合成一两本。其次，满足企业管理之需要。建立账簿是为了满足企业管理需要，为管理者提供有用的会计信息，所以在建账时要以满足管理需要为前提，尽可能避免重复设账、记账。

1. *初始建账*

建账时应取得的资料主要有企业章程、企业法人营业执照、国地税税务登记证、验资报告等。特别是验资报告，其用处主要有：一是能佐证企业的注册资本金额，以便确定账务中实收资本金额；二是能反映股东的出资方式，是货币或是实物等。取得验资报告的主要目的是确定股东的出资方式。不能确定股东的出资方式时无法建账的，建账时一定要让企业主找到成立时的验资报告，注册资本发生变动的，应取得历次的验资报告。若是以实物出资，还要找到当时的评估报告。

建账时需要的材料，记账凭证（双金额式每人一本）、活页式账页（502 三栏式每人 30 页、614 多栏式每人 6 页、数量金额式每人 6 页、固定资产每人 3 页）等、订本式账簿（现金日记账、银行存款日记账、总分类账每 4 人一套）、备查账（根据单位是否需要来设置）；记账凭证汇总表、记账凭证封面、凭证装订线、装订工具、科目章、记账用具（如红、黑色笔）；口取纸（红色一般用于负债、所有者权益、收入等）、胶棒等。准备好之后，我们仿照下面小阅读开始建账。

小阅读

会计到了新公司，首先遇到的就是建新账的问题。这时候有些人就像不会走路的孩子站在操场上，不知迈哪条腿了。其实建账并不难，无非就是把日常业务发生的会计科目落实到账簿上。关键是你要知道会涉及哪些会计科目。

如果你是新接手的会计，不要着急建账。随着业务的发生，涉及什么会计科目，就建立什么账户。最好是第一次汇总后，再把会计科目归纳到总账上。如果你接手的是旧账，照葫芦画瓢就是了。

企业建账需要准备的账本有：

（1）两本日记账（订本式账簿）。一本是库存现金日记账，记载"库存现金"科目；一本是银行存款日记账，记载"银行存款"科目。

（2）总分类账。

现金日记账

年		凭证编号	摘要	对应科目	借方	√	贷方	√	余额
月	日				百十万千百十元角分		百十万千百十元角分		百十万千百十元角分

银行存款日记账　[illegible] 页

年		凭证		摘要	借方	贷方	借或贷	余额	核对
月	日	种类	号数		[illegible]	[illegible]		[illegible]	

总分类账

总号 ___ 分页 ___

会计科目 ___

记账凭证				摘要	对应科目	借方	贷方	借或贷	余额
年		类别	号数						
月	日								

杭州青联文化用品有限公司出品 515

（3）活页式账簿。由三栏式账页、多栏式账页和数量金额式账页、固定资产账页等组成。三栏式账页一般设置往来科目，如应收账款、应付账款等以及实收资本科目等；多栏式账页可以设置“管理费用”“销售费用”“财务费用”“生产成本”“制造费用”等科目；数字金额式账页记载“库存商品”“原材料”等科目，“库存商品”科目用2页，“原材料”科目用4页；固定资产账页记载固定资产和累计折旧。

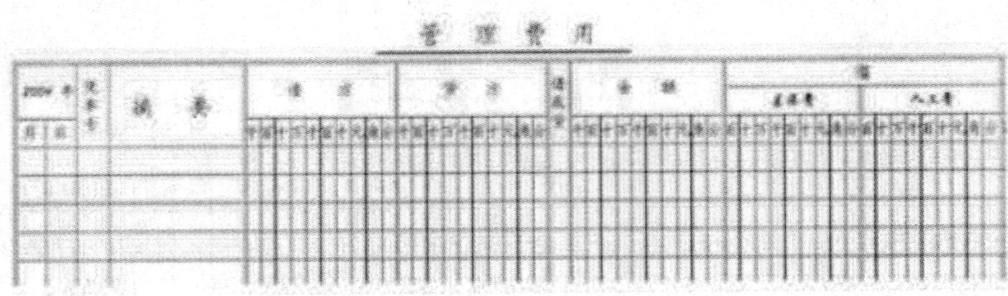

原材料明细账（数量金额式）

类别：　　编号：　　品名或规格：　　存放地点：　　计量单位：

年		凭证		摘要	收入			发出			结存		
月	日	字	号		数量	单位	金额	数量	单价	金额	数量	单价	金额

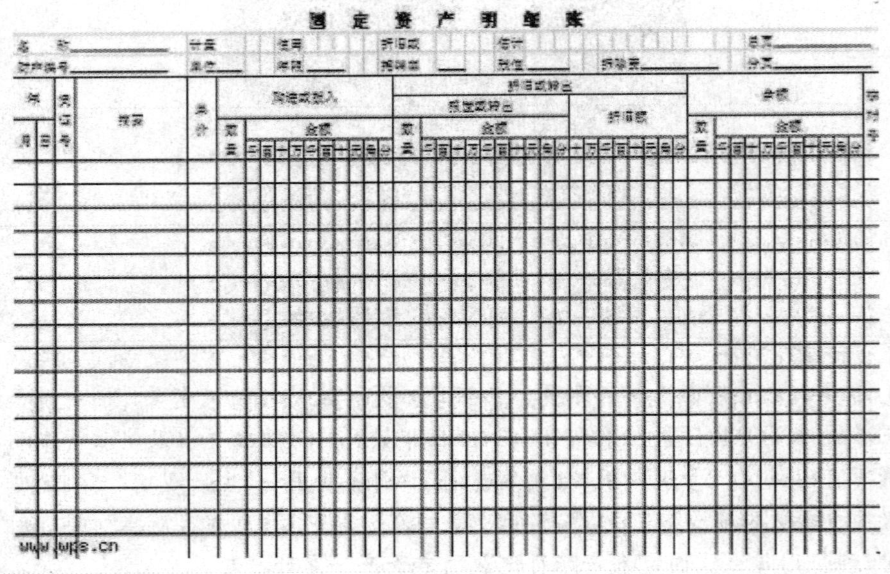

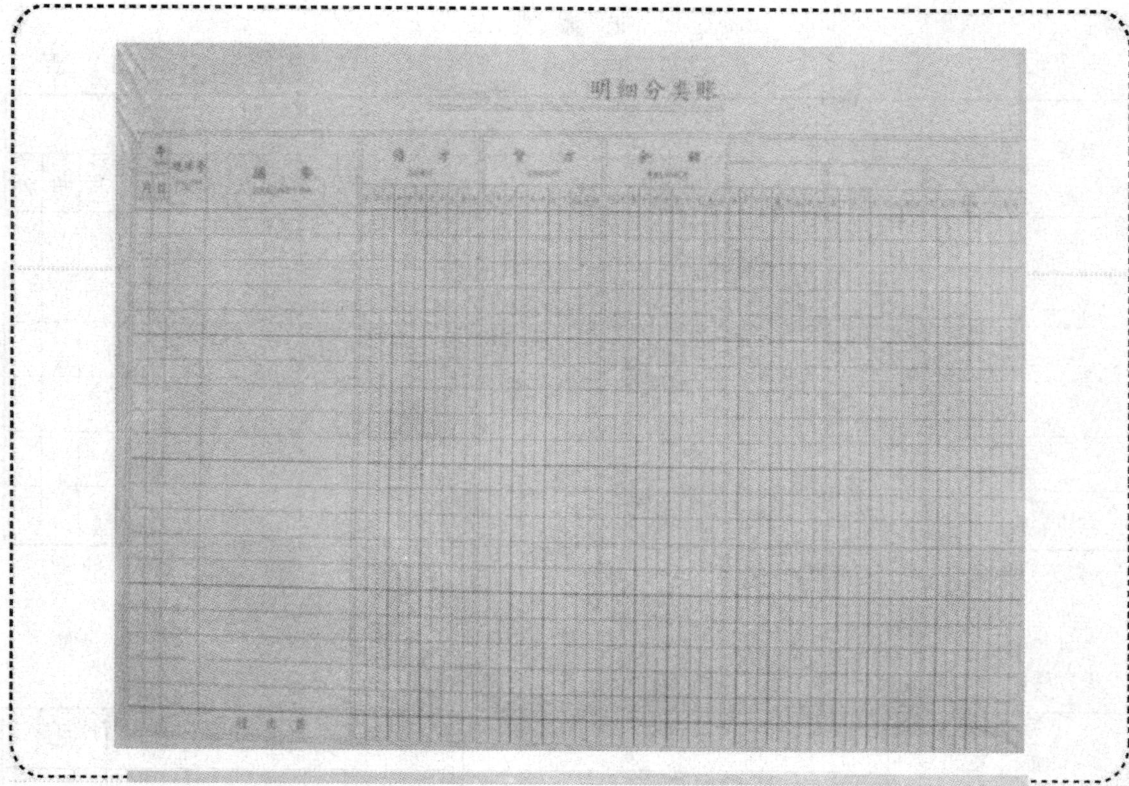

自己动手在建账的过程之中，逐渐了解了会计科目名称，熟悉了账页、账簿，这样为学习会计要素、记账凭证、账页、账簿打下了坚实基础，以下就是常用凭证、账页和报表的格式。

账 页 格 式

总账（三栏式）

科目名称： 第 页

年		凭证		摘要	借方										贷方										借或贷	余额									
月	日	字	号		千	百	十	万	千	百	十	元	角	分	千	百	十	万	千	百	十	元	角	分		千	百	十	万	千	百	十	元	角	分

记账凭证

年　月　日　　　　字第　号

摘要	总账科目	明细科目	√	借方科目										√	贷方科目									
				千	十	十	万	千	百	十	元	角	分		千	百	十	万	千	百	十	元	角	分
合计																								

财务主管：　记账：　出纳：　复核：　制单：

收款凭证

借方科目　　年　月　日　　字　号

摘　要	贷方科目		金额									记账
	一级科目	明细科目	百	十	万	千	百	十	元	角	分	
合 计 金 额												

会计主管：　记账：　出纳：　复核：　填制：

付款凭证

贷方科目　　年　月　日　　字　号

摘　要	借方科目		金　额									记账	
	一级科目	明细科目	百	十	万	千	百	十	元	角	分		
合 计 金 额													

会计主管：　记账：　出纳：　复核：　填制：

转 账 凭 证

年 月 日 字 号

摘要	一级科目	明细科目	借方金额								贷方金额							
			十	万	千	百	十	元	角	分	十	万	千	百	十	元	角	分
	合计																	

会计主管： 记账： 出纳： 复核： 填制：

小阅读

作为一名合格的司机，必须读懂汽车上的各种仪表，比如里程表、速度表、发动机转速表、油量表、水温表等，这些仪表及时准确地把汽车的工作情况直观地传递给驾驶员，保证了汽车的安全行驶。企业的财务报表就像是汽车上的仪表一样，它能够提供企业是否安全运行的基本信息。它是一只晴雨表，可以真实反映企业的经营状况和财务状况；它是一个指南针，可为企业改善经营管理、科学决策、确定发展目标提供可靠的依据。总之，财务工作贯穿于企业经营的方方面面。当然老板不必成为会计，但必须了解会计；老板不必亲自从事财务工作，但必须成为财务管理的重要决策人物。

资 产 负 债 表

编制单位： 年 月 日 会企01表 单位：元

资 产	期末余额	年初余额	负债和所有者权益（或股东权益）	期末余额	年初余额
流动资产：			流动负债：		
货币资金			短期借款		
交易性金融资产			交易性金融负债		
应收票据			应付票据		
应收账款			应付账款		
预付款项			预收款项		
应收利息			应付职工薪酬		
应收股利			应交税费		
其他应收款			应付利息		
存货			应付股利		
一年内到期的非流动资产			其他应付款		
其他流动资产			一年内到期的非流动负债		
流动资产合计			其他流动负债		

续表

资　产	期末余额	年初余额	负债和所有者权益（或股东权益）	期末余额	年初余额
非流动资产：			流动负债合计		
可供出售金融资产			非流动负债：		
持有至到期投资			长期借款		
长期应收款			应付债券		
长期股权投资			长期应付款		
投资性房地产			专项应付款		
固定资产			预计负债		
在建工程			递延所得税负债		
工程物资			其他非流动负债		
固定资产清理			非流动负债合计		
生产性生物资产			负债合计		
油气资产			所有者权益（或股东权益）：		
无形资产			实收资本（或股本）		
开发支出			资本公积		
商誉			减：库存股		
长期待摊费用			盈余公积		
递延所得税资产			未分配利润		
其他非流动资产			所有者权益（或股东权益）合计		
非流动资产合计					
资产总计			负债和所有者权益（或股东权益）总计		

损　益　表

编制单位：　　　　　　　　年　　月　　日　　　　会企02表　　　单位：元

项　目	本期金额	上期金额
一、营业收入		
减：营业成本		
营业税金及附加		
销售费用		
管理费用		
财务费用		
资产减值损失		
加：公允价值变动收益（损失以“-”号填列）		
投资收益（损失以“-”号填列）		
其中：对联营企业和合营企业的投资收益		

续表

项 目	本期金额	上期金额
二、营业利润（亏损以“–”号填列）		
加：营业外收入		
减：营业外支出		
其中：非流动资产处置损失		
三、利润总额（亏损总额以“–”号填列）		
减：所得税费用		
四、净利润（净亏损以“–”号填列）		
五、每股收益：		
（一）基本每股收益		
（二）稀释每股收益		

2. 稀释每股收益建账工作

建账必须按照相关规定设置会计账簿，包括总账、明细账、日记账和其他辅助性账簿。

设置总账要根据一级会计科目（也称总账科目）开设的账簿，分类登记企业的全部经济业务，提供资产、负债、所有者权益、费用、收入和利润等总括的核算资料。总账的格式采用三栏式，外表形式一般应采用订本式账簿。

设置明细账通常要根据总账科目所属的明细科目，分类登记某一类经济业务，提供有关的明细核算资料。明细账的格式主要有三栏式、数量金额式和多栏式，企业应根据财产物资管理的需要选择明细账的格式。其外表形式一般采用活页式。明细账采用活页式账簿，主要是使用方便，便于账页的重新排列和记账人员的分工，但是活页账的账页容易散失和被随意抽换。因此，使用时应顺序编号并装订成册，注意妥善保管。

设置日记账要按经济业务发生时间的先后顺序逐日逐笔进行登记。根据财政部《会计基础工作规范》的规定，各单位应设置现金日记账和银行存款日记账，以便逐日核算和监督现金和银行存款的收入、付出和结存情况。

小阅读

会计工作流程

（1）根据出纳转过来的各种原始凭证进行审核，审核无误后，编制记账凭证。

（2）根据记账凭证登记各种明细分类账。

（3）月末作计提、摊销、结转记账凭证，对所有记账凭证进行汇总，编制记账凭证汇总表，根据记账凭证汇总表登记总账。

（4）结账、对账。做到账证相符、账账相符、账实相符。

（5）编制会计报表，做到数字准确、内容完整，并进行分析说明。

（6）将记账凭证装订成册，妥善保管。

简而言之是这样：做凭证→记明细账→汇总→记总账→结转利润→结账→编报表。这也是每个月的工作顺序，周而复始。账务流程不难，做过一次就记住了，关键是账务处理，要反复实践才能运用自如。

借 款 单

资金性质： 年 月 日

丙式—107 8.8×19cm

借款单位：		
借款理由：		
借款数额：人民币（大写） ¥		
本单位负责人意见		借款人（签章）
机关首长批示：	会计主管人员核批：	付款记录： 年 月 日以第 号 支票或现金支出凭单付给

报 销 单

年 月 日

12×21cm

报销金额	（小写）¥（大写）			
开支内容				
部门盖章		负责人	经办人	实物保管、验收人
说明：				

附单据 张

审核 出纳

会计核算工作的七个基本流程

当我们建好账之后，就着手会计核算，会计核算的各种方法是相互联系、密切配合的，构成一个完整的方法体系。在会计核算工作中，必须正确地运用这些方法。对于日常发生的经济业务，要填制和审核凭证，按照规定的会计科目进行分类核算，并运用复式记账法记入有关账簿；对于经营过程中发生的各项费用，应当进行成本计算；一定时期终了，通过财产清查，核实账簿记录，在账证相符、账账相符、账实相符的基础上，根据账簿记录，编制会计报表。在七种会计核算方法的内在联系中，填制和审核凭证、登记账簿和编制会计报表是三个主要的、连续的环节。

1. 设置会计科目

会计科目就是对会计对象的具体内容，按其不同的特点和经济管理的需要，分门别类进行核算的项目。设置会计科目，则是根据会计对象的具体内容和经济管理的要求，规定分类核算的项目，以便在账簿中据以开设账户，记录和积累所需要的核算资料。设置会计科目对于正确运用填制凭证、登记账簿和编制报表等核算方法，都具有重要的意义。

2. 复式记账学会计论坛

复式记账是记录经济业务的一种方法。这种方法的特点是：对每一项经济业务都要以相等的金额，同时记入两个或两个以上的有关账户。采用复式记账法，既可以通过账户的对应关系了解有关经济业务的全貌，又可以通过账户的平衡关系检查有关经济业务的记录是否正确。因此，此法是一种比较完善、科学的记账方法，为世界各国所普遍采用。目前我国企业会计记账统一采用借贷记账法。

3. 填制和审核凭证

会计凭证是记录经济业务、明确经济责任的书面证明，是登记账簿的依据。对于已经发生或已经完成的经济业务，都要由经办人员或有关单位填制凭证，并签名盖章。按照填制凭证的程序和用途，会计凭证分为原始凭证和记账凭证。原始凭证，是在经济业务发生时取得或填制的，用以记录和证明经济业务的发生或完成情况的原始证据。记账凭证，是会计人员根据审核后的原始凭证或汇总原始凭证，按照经济业务的内容加以归类，并据以确定会计分录而填制的，作为登记账簿依据的凭证。

会计凭证的审核，主要是对各种原始凭证的审核。各种原始凭证，除由经办业务的有关部门审核以外，最后要由会计部门进行审核。审查的内容：一是所记录的经济业务的合法性；二是凭证填写的内容是否符合规定的要求。记账凭证的审核，实际上也是对原始凭证的审核，主要是审核凭证的填制是否符合规定的要求。

4. 登记账簿

账簿是用来全面、连续、系统地记录各项经济业务的簿籍，也是保存会计数据资料的重要工具。登记账簿就是把所有的经济业务按其发生的顺序，分门别类地记入有关账簿，以便为经营管理提供完整的、系统的数据资料。

登记账簿必须以经过审核的凭证为依据，同时按照规定的会计科目分设账户，把所有的经济业务分别记入有关账户，并定期进行结账、计算和累计各项核算指标，还要定期核对账目，使账实保持一致。通过账簿提供的各种数据资料，是编制会计报表的主要依据。

5. 成本计算

成本计算是按一定对象，经过汇总、分配，分别归集经营过程中发生的费用，确定各核算对象的总成本和单位成本的专门方法。通过成本计算，可以考核企业对原材料和人工的消耗及其他费用支出是否节约，以便采取措施降低成本；同时，可以为编制成本计划和产品产销计划提供必要的数据资料，以便加强计划管理。一切实行经济核算制的企业都必须有成本的计算，所以，成本计算方法是广泛应用的一种会计核算方法。

6. 财产清查

财产清查就是盘点实物、核对账目，查明各项财产物资和资金的实有数额及占用情况。在实际工作中，由于种种原因，账面资料有时同实际情况不相一致，为了做到账实相符，挖掘财产物资的潜力，加强对财产物资的管理，就必须进行财产清查。在清查中，如果发现某些财产物资和资金的实有数额同账面结存数额不一致，则应查明账实不符的原因，作出相应的处理，并调整账簿记录，使账存数额同实存数额保持一致，从而保证会计核算资料的真实性。通过财产清查，还可查明各项财产物资的保管和使用情况，以及往来款项的结算情况，以便对积压或残损的财产物资和逾期未收回的款项，及时采取措施进行清理和加强财产管理，以挖掘物资潜力和加速资金周转。

7. 编制会计报表

会计报表是以一定的表格形式，对一定时期内账簿记录内容的总括反映，也就是对编表单位在一定时期内的经济活动过程和结果加以综合反映的一种书面报告。编制会计报表就是定期总结日常核算资料，总括反映经济活动的过程和结果。编制会计报表是发挥会计在经济管理中的作用所必不可少的重要的核算方法。

第6章 会计凭证、账簿和财务会计报表

会计工作的起点是会计凭证，填制会计凭证后之所以还要设置和登记账簿，是因为二者虽然都是用来记录经济业务的，但二者具有的作用不同。在会计核算中，对每一项经济业务，都必须取得和填制会计凭证，因而会计凭证数量很多，又很分散，而且每张凭证只能记载个别经济业务的内容，所提供的资料是零星的，不能全面、连续、系统地反映和监督一个经济单位在一定时期内某一类和全部经济业务活动情况，且不便于日后查阅。因此，为了给经济管理提供系统的会计核算资料，各单位都必须在凭证的基础上设置和运用登记账簿，把分散在会计凭证上的大量核算资料，加以集中和归类整理，生成有用的会计信息，从而为编制会计报表、进行会计分析以及审计提供主要依据。会计账簿由具有一定格式、相互联系的账页所组成，是用来序时、分类地全面记录一个企业、单位经济业务事项的会计簿籍。

会计账簿是重要的经济档案，登记账簿应由专人负责。为了保证账簿记录的合法性和账簿资料的真实性，明确记账责任，防止账簿资料的丢失和其他舞弊行为的发生，单位应加强对账簿启用环节的管理。

在每次启用新的账簿时，首先要填写"账簿启用表"，写明单位名称、账簿名称、账簿页次、启用日期、会计主管人员签章等；其次再填写账簿扉页上的"经管人员一览表"（活页账和卡片账一般在装订成册后填列），填明记账人员姓名、职务、接管日期、移交日期等有关事项，并签名盖章，以示负责。订本账在启用时应写明页数和编号；活页账启用时，应编制账户目录，并注明每个账户的编号、名称和分页号。

账簿启用后，就可以用来记账了。账簿是企业的基本财务信息资料库，又是编制会计报告的主要依据，因此账簿的登记必须做到内容完整、科目正确、摘要简明清楚、数据明确真实、字迹工整易认，并且不错记、不重记、不漏记。

通过账簿的设置和登记，记载、储存会计信息，将会计凭证所记录的经济业务记入有关账簿，可以全面反映会计主体在一定时期内所发生的各项资金运动，储存所需要的各项会计信息；通过账簿的设置和登记，分类、汇总会计信息，账簿由不同的相互关联的账户所构成，通过账簿记录，它一方面可以分门别类地反映各项会计信息，提供一定时期内经济活动的详细情况；另一方面可以通过发生额、余额计算，提供各方面所需要的总括会计信息，反映财务状况及经营成果；通过账簿的设置和登记，检查、校正会计信息，账簿记录是会计凭证信息的进一步整理；还可以通过账簿的设置和登记，编表、输出会计信息。

为了反映一定日期的财务状况及一定时期的经营成果，应定期进行结账工作，进行有关账簿之间的核对，计算出本期发生额和余额，据以编制会计报表，向有关各方提供所需要的会计信息。

小阅读

账簿与账户的关系：账户存在于账簿之中，账簿中的每一账页就是账户的存在形式和载体，没有账簿，账户就无法存在；账簿序时、分类地记载经济业务，是在个别账户中完成的。因此，账簿只是一个外在形式，账户才是它的真实内容。

6.1 会 计 凭 证

会计凭证是记录经济业务发生或完成的经济证明，是登记账簿的依据，是记录经济业务、明确经济责任、按一定格式编制的据以登记会计账簿的书面证明。

会计凭证按其编制程序和用途的不同，分为原始凭证和记账凭证。前者又称单据，是在经济业务最初发生之时即行填制的原始书面证明，如销货发票、款项收据等；后者又称记账凭单，是以审核无误的原始凭证为依据，按照经济业务的事项的内容加以归类，并据以确定会计分录后所填制的会计凭证。它是登入账簿的直接依据，常用的记账凭证有收款凭证、付款凭证、转账凭证等。

6.1.1 原始凭证

原始凭证是记录经济业务已经发生、执行或完成，用以明确经济责任，作为记账依据的最初的书面证明文件，如出差乘坐的车船票、采购材料的发货票、到仓库领料的领料单等。原始凭证是在经济业务发生的过程中直接产生的，是经济业务发生的最初证明，在法律上具有证明效力，所以也可叫做“证明凭证”。

原始凭证按其取得的来源不同，可以分为自制原始凭证和外来原始凭证两类。

1. 自制原始凭证

自制原始凭证是指在经济业务发生、执行或完成时，由本单位的经办人员自行填制的仅供内部使用的原始凭证，如收料单、领料单、产品入库单等。自制原始凭证按其填制手续不同，又可分为一次凭证、累计凭证、汇总原始凭证和记账编制凭证四种。

（1）一次凭证：是指只反映一项经济业务，或者同时反映若干项同类性质的经济业务，其填制手续是一次完成的会计凭证，如图 6-1 所示。如企业购进材料验收入库，由仓库保管员填制的“收料单”；车间或班组向仓库领用材料时填制的“领料单”；以及报销人员填制的、出纳人员据以付款的“报销凭单”等，都是一次凭证。

（2）累计凭证：是指在一定期间内，连续多次记载若干不断重复发生的同类经济业务，直到期末，凭证填制手续才算完成，以期末累计数作为记账依据的原始凭证，如工业企业常

深圳市鑫宏展手袋制品有限公司

领 料 单　　No.1300001

领料部门　　年　月　日

序号	品名	规格	请领数量	单位	实发数量	用途备注

一仓库（白）二领料单位（红）

审核：　　仓管：　　领料人：

图 6-1　一次凭证（一）

报 销 单

报销部门：　　　　　　　　年　　月　　日　　　　　　　　单据及附件共　　页

用　途	单据	金额	备注	
			财务经理	
			领导审批	
			领款人签字	
合计人民币：（大写）　万　仟　佰　拾　元　分　（小写）¥________				

图 6-1　一次凭证（二）

用的限额领料单等，如图 6-2 所示。使用累计凭证，可以简化核算手续，能对材料消耗、成本管理起事先控制作用，是企业进行计划管理的手段之一。

领料部门：　　　　　　**限额领料单**　　　　　　第　　号

用　　途：　　　　　　年　　月　　日　　　　　　发料仓库：

材料编号	材料名称规格	计量单位	计划投产量	单位消耗定额	领用限额	实发																
						数量	单价							金额								
							万	千	百	十	元	角	分	百	十	万	千	百	十	元	角	分

日期	领用			退料			限额结余数量
	数量	领料人	发料人	数量	退料人	收料人	

图 6-2　累计凭证

（3）汇总原始凭证：是指在会计核算工作中，为简化记账凭证的编制工作，将一定时期内若干份记录同类经济业务的原始凭证按照一定的管理要求汇总编制一张汇总凭证，用以集中反映某项经济业务总括发生情况的会计凭证，如“发料凭证汇总表”“收料凭证汇总表”“现金收入汇总表”等都是汇总原始凭证，如图 6-3 所示。汇总原始凭证只能将同类内容的经济业务汇总填列在一张汇总凭证中。在一张汇总凭证中，不能将两类或两类以上的经济业务汇总填列。汇总原始凭证在大中型企业中使用得非常广泛，因为它可以简化核算手续，提高核算工作效率；能够使核算资料更为系统化，使核算过程更为条理化；能够直接为管理提供某些综合指标。

发 料 凭 证 汇 总 表

年　　月

用途		材料类别				合计
		原料及主要材料	辅助材料	燃料	低值易耗品	
产品生产	A					
	B					
车间一般耗用						
销　　售						
管理部门一般耗用						
合　　计						

复核：　　　　编制：

图 6-3　汇总原始凭证

（4）记账编制凭证：是指根据账簿记录和经济业务的需要编制的一种自制原始凭证，如图 6-4 所示。记账编制凭证是根据账簿记录，把某一项经济业务加以归类、整理而重新编制的一种会计凭证。例如在计算产品成本时，编制的“制造费用分配表”就是根据制造费用明细账记录的数字按费用的用途填制的。

制造费用分配表

车间：　　　　2007　年 05 月　　　　单位：元

分配对象	分配标准（生产工时）	分配率（元/时　）	分配金额
白板纸			
灰板纸			
合计			

图 6-4　记账编制凭证

2. 外来原始凭证

外来原始凭证是指在同外单位发生经济往来关系时，从外单位取得的凭证，如图 6-5 所示。外来原始凭证都是一次凭证。如企业购买材料、商品时，从供货单位取得的发货票，就是外来原始凭证。

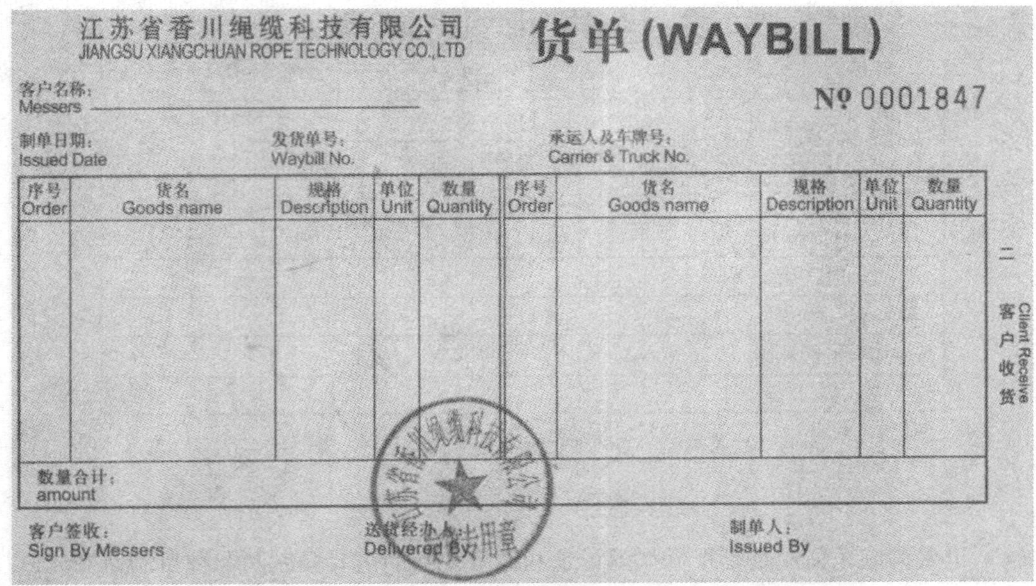

江苏省香川绳缆科技有限公司
JIANGSU XIANGCHUAN ROPE TECHNOLOGY CO.,LTD

货单 (WAYBILL)

客户名称：Messers

№ 0001847

制单日期：Issued Date　　发货单号：Waybill No.　　承运人及车牌号：Carrier & Truck No.

序号 Order	货名 Goods name	规格 Description	单位 Unit	数量 Quantity	序号 Order	货名 Goods name	规格 Description	单位 Unit	数量 Quantity
数量合计：amount									

客户签收：Sign By Messers　　送货经办人：Delivered By　　制单人：Issued By

二 客户收货 Client Receive

图 6-5　外来原始凭证

6.1.2　记账凭证

记账凭证是会计人员根据审核无误的原始凭证或汇总原始凭证，用来确定经济业务应借、应贷的会计科目和金额而填制的，作为登记账簿直接依据的会计凭证。在登记账簿之前，应按实际发生经济业务的内容编制会计分录，然后据以登记账簿，在实际工作中，会计分录是通过填制记账凭证来完成的。

记帐凭证包括凭证名称、编制凭证的日期及编号、接受凭证单位的名称、经济业务的数量和金额、填制凭证单位的名称和有关人员的签章等。

1. 按适用的经济业务分类

记账凭证按其适用的经济业务，分为专用记账凭证和通用记账凭证两类。

（1）专用记账凭证。专用记账凭证是用来专门记录某一类经济业务的记账凭证，如图 6-6 所示。专用凭证按其所记录的经济业务是否与现金和银行存款的收付有无关系，又分为收款凭证、付款凭证和转账凭证三种。

1）收款凭证。收款凭证是用来记录现金和银行存款等货币资金收款业务的凭证，它是根据现金和银行存款收款业务的原始凭证填制的。

2）付款凭证。付款凭证是用来记录现金和银行存款等货币资金付款业务的凭证，它是根据现金和银行存款付款业务的原始凭证填制的。收款凭证和付款凭证是用来记录货币收付业务的凭证，它们既是登记现金日记账、银行存款日记账、明细分类账及总分类账等账簿的依据，也是出纳人员收、付款项的依据。出纳人员不能依据现金、银行存款收付业务的原始凭证收付款项，必须根据会计主管人员或指定人员审核批准的收款凭证和付款凭证收付款项，以加强对货币资金的管理，有效地监督货币资金的使用。

3）转账凭证。转账凭证是用来记录与现金、银行存款等货币资金收付款业务无关的转账业务（即在经济业务发生时不需要收付现金和银行存款的各项业务）的凭证，它是根据有关转账业务的原始凭证填制的。转账凭证是登记总分类账及有关明细分类账的依据。

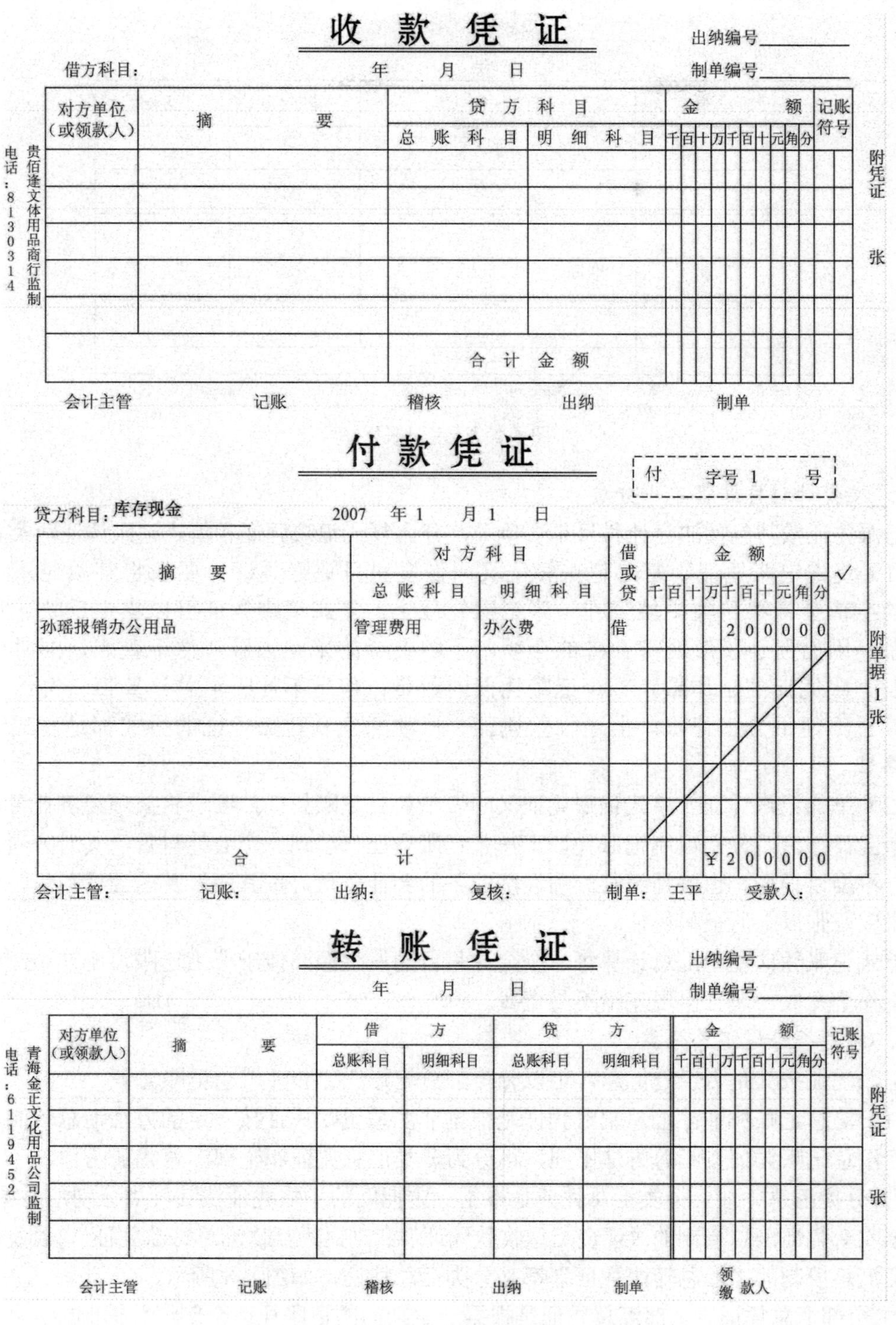

收 款 凭 证

出纳编号______

借方科目：　　　　年　　月　　日　　　　制单编号______

贵佰逢文体用品商行监制　电话：8130314

对方单位（或领款人）	摘　要	贷方科目		金额										记账符号
		总账科目	明细科目	千	百	十	万	千	百	十	元	角	分	
		合计金额												

附凭证　　张

会计主管　　记账　　稽核　　出纳　　制单

付 款 凭 证

付　字号 1　号

贷方科目：库存现金　　2007 年 1 月 1 日

摘　要	对方科目		借或贷	金额										✓
	总账科目	明细科目		千	百	十	万	千	百	十	元	角	分	
孙瑶报销办公用品	管理费用	办公费	借					2	0	0	0	0	0	
合　计							￥	2	0	0	0	0	0	

附单据 1 张

会计主管：　　记账：　　出纳：　　复核：　　制单：王平　　受款人：

转 账 凭 证

出纳编号______

年　　月　　日　　　　制单编号______

青海金正文化用品公司监制　电话：6119452

对方单位（或领款人）	摘　要	借方		贷方		金额										记账符号
		总账科目	明细科目	总账科目	明细科目	千	百	十	万	千	百	十	元	角	分	

附凭证　　张

会计主管　　记账　　稽核　　出纳　　制单　　领缴款人

图 6-6　专用记账凭证

（2）通用记账凭证。通用记账凭证的格式，不再分为收款凭证、付款凭证和转账凭证，而是以一种格式记录全部经济业务，如图 6-7 所示。

在经济业务比较简单的经济单位，为了简化凭证，可以使用通用记账凭证，记录所发生的各种经济业务。

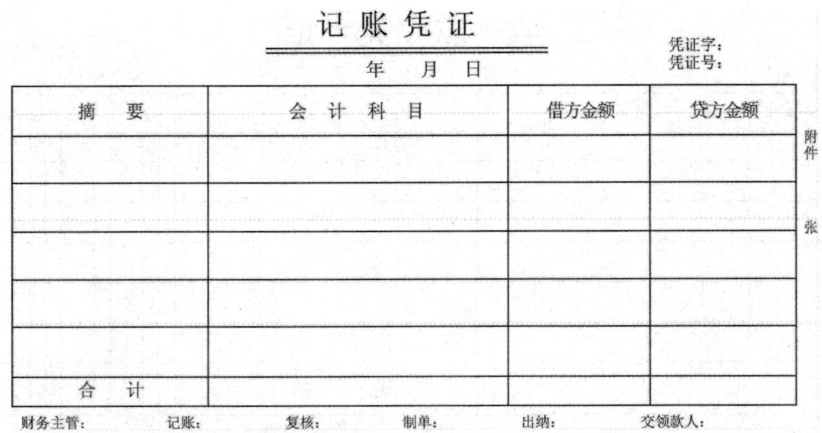

记账凭证

年 月 日

凭证字：
凭证号：

摘 要	会 计 科 目	借方金额	贷方金额
合 计			

附件 张

财务主管： 记账： 复核： 制单： 出纳： 交领款人：

图 6-7 通用记账凭证

2. 按会计科目是否单一分类

记账凭证按其包括的会计科目是否单一，分为复式记账凭证和单式记账凭证两类。

（1）复式记账凭证。复式记账凭证又叫做多科目记账凭证，要求将某项经济业务所涉及的全部会计科目集中填列在一张记账凭证上。复式记账凭证可以集中反映账户的对应关系，因而便于了解经济业务的全貌，了解资金的来龙去脉；便于查账，同时可以减少填制记账凭证的工作量，减少记账凭证的数量；但是不便于汇总计算每一会计科目的发生额，不便于分工记账。上述收款凭证、付款凭证和转账凭证的格式都是复式记账凭证的格式。

（2）单式记账凭证。单式记账凭证又叫做单科目记账凭证，要求将某项经济业务所涉及的每个会计科目，分别填制记账凭证，每张记账凭证只填列一个会计科目，其对方科目只供参考，不据以记账。也就是把某一项经济业务的会计分录，按其所涉及的会计科目，分散填制两张或两张以上的记账凭证。

单式记账凭证便于汇总计算每一个会计科目的发生额，便于分工记账，但是填制记账凭证的工作量变大，而且出现差错不易查找。

3. 按是否经过汇总分类

记账凭证按其是否经过汇总，可以分为汇总记账凭证和非汇总记账凭证。

（1）汇总记账凭证。汇总记账凭证是根据非汇总记账凭证按一定的方法汇总填制的记账凭证。汇总记账凭证按汇总方法不同，可分为分类汇总凭证和全部汇总凭证两种。

1）分类汇总凭证。分类汇总凭证是根据一定期间的记账凭证按其种类分别汇总填制的，如根据收款凭证汇总填制的“现金汇总收款凭证”和“银行存款汇总付款凭证”，以及根据转账凭证汇总填制的“汇总转账凭证”都是分类汇总凭证，如图 6-8 所示。

2）全部汇总凭证。全部汇总凭证是根据一定期间的记账凭证全部汇总填制的，如“科目汇总图表”，如图 6-9 所示。

（2）非汇总记账凭证。非汇总记账凭证是没有经过汇总的记账凭证，前面介绍的收款凭证、付款凭证和转账凭证以及通用记账凭证都是非汇总记账凭证。

6.1.3 二者关系

原始凭证与记账凭证之间存在着密切的联系。原始凭证是记账凭证的基础，记账凭证是

汇总收款凭证

借方账户：银行存款　　　20×× 年　12 月　　　　第 1 号

贷方账户	金			额	总账页数	
	（1） 1~10 日收款凭证第 1~18 号	（2） 11~20 日收款凭证第 19~28 号	（3） 21~31 日收款凭证第 29~57 号	合　计	借方	贷方
主营业务收入	125 000			125 000	3	35
应收账款		80 000		80 000	3	12
其他应收款			5 000	5 000	3	16
合　计	125 000	80 000	5 000	210 000		

会计　　　记账　　　审核　　　填制

图 6-8　分类汇总凭证

科 目 汇 总 表

年　月　日至　日				第　号
会计科目	账页	本期发生额		记账凭证起讫号数
		借方	贷方	
合计				

图 6-9　全部汇总凭证

根据原始凭证编制的。在实际工作中，原始凭证附在记账凭证后面，作为记账凭证的附件；记账凭证是对原始凭证内容的概括和说明；原始凭证有时是登记明细账户的依据。

记账凭证和原始凭证同属于会计凭证，但二者存在着以下差别：

（1）原始凭证是由经办人员填制的；记账凭证一律由会计人员填制。

（2）原始凭证根据发生或完成的经济业务填制；记账凭证根据审核后的原始凭证填制。

（3）原始凭证仅用以记录、证明经济业务已经发生或完成；记账凭证要依据会计科目对已经发生或完成的经济业务进行归类、整理。

（4）原始凭证是填制记账凭证的依据；记账凭证是登记账簿的依据。

6.1.4　会计凭证要求

1. 内容要求

（1）原始凭证名称。

（2）填制名称的日期和编号。

（3）填制凭证单位名称或者填制人姓名。

（4）对外凭证要有接收凭证单位的名称。

（5）经济业务的内容摘要。

（6）经济业务所设计的数量、计量单位、单价和金额。

（7）经办业务部门或人员的签名盖章。

2. 填制要求

（1）记录要真实。原始凭证所填列的经济业务内容和数字，必须真实可靠，符合实际情况。

（2）内容要完整。原始凭证所要求填列的项目必需逐项填列齐全，不得遗漏和省略。

（3）手续要完备（签名、盖章：谁出票谁盖章，谁经手谁签字）。

1）单位自制的原始凭证必须有经办单位领导人或者其他指定的人员签名盖章。

2）对外开出的原始凭证必须加盖本单位公章。

3）从外部取得的原始凭证，必须盖有填制单位的公章。

4）从个人取得的原始凭证，必须有填制人员的签名盖章。

（4）凭证附件要求。购买实物的原始凭证，必须验收证明。

（5）多联凭证要求。一式几联的原始凭证，应当注明各联的用途，只能以一联作为报销凭证。

（6）退货退款要求。发生销货退回时，除填制退货发票外，还必须有退货验收证明。

（7）书写要清楚、规范。

1）不得使用未经国务院公布的简化汉字。大小写金额必须相符且填写规范。

2）编号要连续。如果原始凭证已预先印定编号，在写坏作废时，应加盖“作废戳记”，妥善保管，不得撕毁。

3）不得涂改、刮擦、挖补。原始凭证有错误的，应当由出具单位重开或更正，更正处应当加盖出具单位印章。

4）只能使用蓝、黑墨水填写，一式几联的发票和收据，必须使用双面复写纸套写，套写时可以使用圆珠笔填写。

6.1.5 会计凭证的保管

会计凭证的保管是指会计凭证记账后的整理、装订、归档和存查工作。

1. 会计凭证的保管要求

（1）会计凭证应定期装订成册，防止散失。从外单位取得的原始凭证遗失时，应取得原签发单位盖有公章的证明，并注明原始凭证的号码、金额、内容等，由经办单位会计机构负责人、会计主管人员和单位负责人批准后，才能代作原始凭证。若确实无法取得证明的，如车票丢失，则应由当事人写明详细情况，由经办单位会计机构负责人、会计主管人员和单位负责人批准后，代作原始凭证。

（2）会计凭证封面应注明单位名称、凭证种类、凭证张数、起止号数、年度、月份、会计主管人员、装订人员等有关事项，会计主管人员和保管人员应在封面上签章。

（3）会计凭证应加贴封条，防止抽换凭证。原始凭证不得外借，如因特殊原因需要使用原始凭证时，经本单位领导批准可以复制。原始凭证较多时，可单独装订，但应在凭证封面注明所属记账凭证的日期、编号和种类，同时在所属的记账凭证上应注明“附件另订”及原始凭证的名称和编号，以便查阅。

（4）每年装订成册的会计凭证，在年度终了时可暂由单位会计机构保管一年，期满后应当移交本单位档案机构统一保管；未设立档案机构的，应当在会计机构内部指定专人保管。出纳人员不得兼管会计档案。

（5）严格遵守会计凭证的保管期限要求，期满前不得任意销毁。

2. 保管年限

（1）原始凭证、记账凭证为15年。其中：涉及外来和对私改造的会计凭证为永久，银行存款余额调节表为3年。

（2）会计账簿类。

1）日记账为15年。其中：现金和银行存款日记账为25年。

2）明细账、总账、辅助账为15年。

3）涉及外来和对私改造的会计账簿为永久。

（3）会计报表类。

1）主要财务指标报表为3年。

2）月、季度会报表为15年。

3）年度会计报表为永久。

（4）其他类。

1）会计档案保管清册及销毁清册为25年。

2）财务成本计划为3年。

3）主要财务会计文件、合同、协议为永久。

6.2 会 计 账 簿

6.2.1 会计账簿分类

1. 按用途分类

（1）序时账簿：又称日记账，是按照经济业务发生或完成时间的先后顺序逐日逐笔进行登记的账簿。序时账簿是会计部门按照收到会计凭证号码的先后顺序进行登记的。在会计工作发展的早期，就要求必须将每天发生的经济业务逐日登记，以便记录当天业务发生的金额，因而习惯地称序时账簿为日记账。序时账簿按其记录内容的不同，又分为普通日记账和特种日记账两种。普通日记账是将企业每天发生的所有经济业务，不论其性质如何，按其先后顺序，编成会计分录记入账簿；特种日记账是按经济业务性质单独设置的账簿，它只把特定项目按经济业务顺序记入账簿，反映其详细情况，如库存现金日记账和银行存款日记账。特种日记账的设置，应根据业务特点和管理需要而定，特别是那些烦琐、需严加控制的项目，应予以设置，如普通日记账、现金日记账（见表6-1）、银行存款日记账。

表6-1　现金日记账（三栏式）

年		凭证字号	摘要	对方科目	借方	贷方	借（贷）余额
月	日						
6	1		期初余额				1 200.00
6	5	现付1#	预付职工差旅费			400.00	800.00
6	6	银付3#	提取现金		500.00		1 300.00
			本月小计				
			累计				

（2）分类账簿：对全部经济业务事项按照会计要素的具体类别而设置的分类账户进行登记的账簿。分类账簿按其提供核算指标的详细程度不同，又分为总分类账和明细分类账。总分类账，简称总账，是根据总分类科目开设账户，用来登记全部经济业务，进行总分类核算，提供总括核算资料的分类账簿。明细分类账，简称明细账，是根据明细分类科目开设账户，用来登记某一类经济业务，进行明细分类核算，提供明细核算资料的分类账簿。

（3）备查账簿：又称辅助账簿，是对某些在序时账簿和分类账簿等主要账簿中都不予登记或登记不够详细的经济业务事项进行补充登记时使用的账簿。它可以对某些经济业务的内容提供必要的参考资料。备查账簿的设置应视实际需要而定，并非一定要设置，而且没有固定格式，如设置租入固定资产登记簿、代销商品登记簿等。

2. **按账页格式分类**

（1）两栏式账簿：只有借方和贷方两个基本金额的账簿（各种收入、费用类账户都可以采用两栏式账簿）。

（2）三栏式账簿：设有借方、贷方和余额三个基本栏目的账簿（日记账、总分类账及资本、债权、债务明细账），见表 6-2。

表 6-2　　三 栏 式 账 簿

科目名称：　　　　第　页

年		凭证		摘要	借方										贷方										借或贷	余额									
月	日	册	号		千	百	十	万	千	百	十	元	角	分	千	百	十	万	千	百	十	元	角	分		千	百	十	万	千	百	十	元	角	分

（3）多栏式账簿：在账簿的两个基本栏目及借方和贷方按需要分设若干专栏的账簿（收入、费用明细账）。

（4）数量金额式账簿：借方、贷方和金额三个栏目内都分设数量、单价和金额三小栏，借以反映财产物资的实物数量和价值量（原材料、库存商品、产成品等明细账通常采用数量金额式账簿），见表 6-3。

表 6-3　　原材料明细账（数量金额式）

类别：　　编号：　　品名或规格：　　存放地点：　　计量单位：

年		凭证		摘要	收　入			发　出			结　存		
月	日	字	号		数量	单位	金额	数量	单价	金额	数量	单价	金额

3. 按外形特征分类

（1）订本账：订本式账簿，是在启用前将编有顺序页码的一定数量账页装订成册的账簿。这种账簿，一般适用于重要的和具有统驭性的总分类账、现金日记账和银行存款日记账。

（2）活页账：活页式账簿，是将一定数量的账页置于活页夹内，可根据记账内容的变化而随时增加或减少部分账页的账簿。活页账一般适用于明细分类账。

（3）卡片账：卡片式账簿，是将一定数量的卡片式账页存放于专设的卡片箱中，账页可以根据需要随时增添的账簿。卡片账一般适用于低值易耗品、固定资产等的明细核算。

记账规则

1. 登记账簿的依据

为了保证账簿记录的真实、正确，必须根据审核无误的会计凭证登账。各单位每天发生的各种经济业务，都要记账，记账的依据是会计凭证。

2. 登记账簿的时间

各种账簿应当每隔多长时间登记一次，没有统一规定。一般的原则是：总分类账要按照单位所采用的会计核算形式及时登账；各种明细分类账要根据原始凭证、原始凭证汇总表和记账凭证每天进行登记，也可以定期（三天或五天）登记。但是现金日记账和银行存款日记账，应当根据办理完毕的收付款凭证，随时逐笔顺序进行登记，最少每天登记一次。

3. 登记账簿的规范要求

（1）登记账簿时，应当将会计凭证日期、编号、业务内容摘要、金额和其他有关资料逐项记入账内，同时记账人员要在记账凭证上签名或者盖章，并注明已经登账的符号（如打“√”），防止漏记、重记和错记情况的发生。

（2）各种账簿要按账页顺序连续登记，不得跳行、隔页。如发生跳行、隔页，应将空行、空页划线注销，或注明“此行空白”或“此页空白”字样，并由记账人员签名或盖章。

（3）登记账簿时，要用蓝黑墨水或者碳素墨水书写，不得用圆珠笔（银行的复写账簿除外）或者铅笔书写。红色墨水只能用于制度规定的“按红字冲账的记账凭证、不设减少金额栏的多栏式账页中，在登记减少数、三栏式账户的余额栏前，如未印明余额方向的，在余额栏内登记负数金额”等情况。

（4）记账要保持清晰、整洁，记账文字和数字要端正、清楚、书写规范，一般应占账簿格距的 1/2，以便留有改错的空间。

（5）凡需结出余额的账户，应当定期结出余额。现金日记账和银行存款日记账必须每天结出余额。结出余额后，应在“借或贷”栏内写明“借”或“贷”的字样。没有余额的账户，应在该栏内写“平”字并在余额栏“元”位上用“0”表示。

（6）每登记满一张账页结转下页时，应当结出本页合计数和余额，写在本页最后一行和下页第一行有关栏内，并在本页的摘要栏内注明“转后页”字样，在次页的摘要栏内注明“承前页”字样。

6.2.2 会计账簿更正方法

会计账簿在进行记录的过程中，都会发生一些问题，会计账簿记录发生错误如何修正呢？

如果是记账凭证正确，在进行登记账簿的过程中发生了相应的错误，就会导致账簿记录的错误问题，这种情况下，可以采用划线更正法。我们在进行处理时，可以把错误的文字或是数字进行划线注销，这种做法要求可以对原来的字迹进行辨认处理，也可以在划线的上方正确填写相应的文字和数字，在更正以后，记账人员必须在更正的地方进行盖章处理，数字出现错误时，可以采用全部划红线的方法进行更正，只是修改错误的数字是不正确的。如果是文字出现的错误，可以划去相应的错误文字。

比如，一家企业的现金库存是 896 元，在购买物品时，会计人员填写记账凭证，当发生错误时就登记了会计账簿，错误的会计记录是借入管理费用 896 元，计入银行存款会计科目的贷方金额是 896 元。如果可以用红字进行更正的话，可以再编写一张与原记账凭证一样的红字的记账凭证，计入管理费用会计科目的借方，金额是 896 元，计入银行存款会计科目的贷方，金额是 896 元。再用蓝字编写一张正确的记账凭证，计入管理费用会计科目的借方，金额是 896 元，计入库存现金会计科目的贷方，金额是 896 元。

会计账簿错弊主要表现在以下方面：账簿启用、账簿设置、账簿登记、结账。

账簿记录应做到整洁，记账应力求正确，但常在河边走哪有不湿脚，会计工作亦如此，如果账簿记录发生错误，应按规定的方法进行更正。更正错账的方法有划线更正法、红字更正法、补充登记法。

1. 划线更正法

在结账以前，如果发现账簿记录有错误，而记账凭证没有错误，仅属于记账时文字或数字上的笔误，应采用划线更正法。更正的方法是：先将账簿记录中错误的文字或数字用一条红线全部划去，表示注销；然后在划线的上方用蓝字写上正确的文字或数字并在划线处加盖更正人图章，以明确责任。但要注意划掉错误数字时，应将整笔数字划掉，不能只划掉其中一个或几个写错的数字，并保持被划去的字迹仍可清晰辨认。

划线更正法适用于记账凭证没有错误，只是账簿记录有错的情况。例如：某单位会计人员刘敏，把 1 234.56 误写为 1 243.56，应把 1 243.56 用红线划去，然后在上面写上正确的 1 234.56，再在更正的地方盖上刘敏的印章。

2. 红字更正法

红字更正法是指由于记账凭证错误使账簿记录发生错误，而用红字冲销原记账凭证，以更正账簿记录的一种方法。红字更正法适用于以下两种情况：一种情况是在记账以后，如果发现账簿记录的错误是因记账凭证中的应借、应贷会计科目或记账方向有错误引起的，应用红字更正法进行更正。更正的方法是：先用红字金额填写一张会计科目与原错误记账凭证完全相同的记账凭证，在“摘要”栏中写明“冲销错账”以及错误凭证的号数和日期，并据以用红字登记入账，以冲销原来错误的账簿记录；然后，用蓝字或黑字填写一张正确的记账凭证，在“摘要”栏中写明“更正错账”以及冲账凭证的号数和日期，并据以用蓝字或黑字登记入账。例如：C 公司购入行政管理部门用办公用品 2 700 元，货款用银行存款支付。在填制记账凭证时，误记入“现金”科目，并已据以登记入账，其错误记账凭证所反映的会计分录是：

借：管理费用　　　　　　2 700

贷：现金　2 700

该项业务的会计分录应贷记“银行存款”科目。在更正时，应用红字金额填制一张记账凭证冲销原会计分录，并据以登记入账，冲销原错误的账簿记录。

借：管理费用　2 700

贷：现金　2 700

然后再用蓝字或黑字填制一张正确的记账凭证，并据以登记入账。

借：管理费用　2 700

贷：银行存款　2 700

另一种情况是在记账以后，如果发现记账凭证和账簿记录的金额有错误（所记金额大于应记的正确金额），而应借、应贷的会计科目没有错误，应用红字更正法进行更正。更正的方法是：将多记的金额用红字填制一张记账凭证，而应借、应贷会计科目与原错误记账凭证相同，在“摘要”栏写明“冲销多记金额”以及原错误记账凭证的号数和日期，并据以登记入账，以冲销多记的金额。例如：D 企业的生产车间领用一批工具，价值 900 元。在填制记账凭证时，误记金额为 9 000 元，但会计科目、借贷方向均没有错误，并已据以登记入账。其错误记账凭证所反映的会计分录是：

借：制造费用　9 000

贷：低值易耗品　9 000

更正时，应将多记的金额 8 100 元用红字编制如下的记账凭证，并登记入账。

借：制造费用　8 100

贷：低值易耗品　8 100

3. 补充登记法

根据会计凭证登账后，如发现会计分录其他部分没有错，只是金额错了，且所记金额少于应记金额，属于这种情况，就可以采用补充登记法来更正（如所记金额大于应记金额，则应用红字更正法）。补充登记法的具体做法是：按少记的金额编制一张其科目与原记账凭证一样的记账凭证，并在摘要栏内注明“更正×号凭证”字样；然后据以入账，就在账簿上补记了少记的金额，把错误记录更正了过来。例如：某工厂从外地购进一批原材料 1 000 元，货款未付。会计分录误记为：

借：原材料 100

贷：应付账款 100

这笔分录所记的科目及方向都没有错，只是 1 000 元误记为 100 元。发现这个错误后，应用蓝字编制一张金额为 900 元的记账凭证，在摘要栏内应注明“更正××号错误凭证”字样：

借：原材料 900

贷：银行存款 900

然后据以入账，这样在账簿上补记了少记的金额，就把错误记录更正了过来。

6.2.3　对账、结账

在完成了设置账户，填制、审核凭证，登记账簿后；接下来的任务就是对账。对账就是在本期内对账簿记录进行核对。为了保证各种账簿记录的完整和正确，为编制会计报表提供真实可靠的数据资料，必须做好对账工作。

对账包括账证核对（各种账簿的记录与有关会计凭证进行核对）；账账核对（各种账簿之

间的有关数字进行核对）；账实核对（各种财产物资的账面余额与实存数额进行核对）。

1. 账账核对的内容

（1）总分类账各账户本月借方发生额合计数与贷方发生额合计数是否相等；期末借方余额合计数与贷方余额合计数是否相等，以检查总分类账户的登记是否正确。

（2）各明细分类账的本期借、贷方发生额合计数及期末余额合计数与总分类账应该分别核对相符，以检查各明细分类账的登记是否正确。

（3）现金日记账和银行存款日记账的本期借、贷方发生额合计数及期末余额合计数与总分类账应该分别核对相符，以检查日记账的登记是否正确。

（4）会计部门有关财产物资的明细分类账结存数，应该与财产物资保管或使用部门的有关保管账的账存数核对相符，以检查双方记录是否正确。

2. 账实核对的内容

（1）现金日记账账面余额与实地盘点的库存现金实有数相核对。

（2）银行存款日记账账面余额与开户银行账目（银行对账单）相核对。

（3）各种财产物资明细分类账账面余额与其清查盘点后的实存数相核对。

（4）各种应收、应付款明细分类账账面余额与有关债务、债权单位的账目相核对。账实核对一般是通过财产清查进行的。

当对账工作完成后，进行试算平衡，若平衡进行下一环节结账，若不平衡则需要再一次对账。

各个单位的经济活动是连续不断进行的，为了总结每一会计期间（月份、、季度、年度）的经济活动情况，考核经营成果，编制会计报表，就必须在每一会计期末进行结账。结账是指在将本期内所发生的经济业务全部登记入账的基础上，于会计期末按照规定的方法结算账目，包括结算出本期发生额和期末余额。

结账前，必须将本期内发生的各项经济业务全部登记入账；实行权责发生制的单位，按照权责发生制的要求，进行账项调整的账务处理，并在此基础上，进行其他有关转账业务的账务处理，以计算确定本期的成本、费用、收入和利润。需要说明的是，不能为了赶编报表而提前结账，也不能将本期发生的经济业务延至下期登账，也不能先编会计报表后结账；结账时，应结出现金日记账、银行存款日记账以及总分类账和明细分类账各账户的本期发生额和期末余额，并将期末余额结转下期。

计算登记各种账簿本期发生额和期末余额的工作，一般按月进行，称为月结；有的账目还应按季结算，称为季结；年度终了，还应进行年终结账，称为年结。期末结账主要采用划线结账法，也就是期末结出各账户的本期发生额和期末余额后，加以划线标记，将期末余额结转下期。结账时，不同的账户记录应分别采用不同的方法：

（1）对于需按月统计发生额的账户，在期末结账时，要在最后一笔业务记录下面的借方栏开始到余额栏为止画通栏单红线，结出本月发生额和余额，如果没有余额，在余额栏内写上“平”或“0”符号。在摘要栏内盖“本月合计”戳记，在“本月合计”栏下面再画一条同样的通栏红线。

（2）对于需要结计本年累计发生额的账户每月结账时，应在“本月合计”栏下结出自年初至本月末的累计发生额，登记在月份发生额下面，在摘要栏写明“本年累计”字样，在栏下面再画一条通栏红线，12 月末的“本年累计”就是全年累计发生额，应在全年累计发生额下面画通栏双红线。

（3）对于不需按月结计发生额的账户，如应收应付、财产物资明细账，每登记一次，就要随时结出余额，每月最后一笔余额就是月末余额。月末结账时，只需在最后一笔业务记录下面自借方栏至余额栏画通栏红线即可。

（4）对于总账账户只需结出月末金额即可，但在年终结账时，为了总括反映企业财务状况和经营成果全貌，核对账目，需将所有总账账户结出全年发生额和年末余额，在摘要栏内注明“本年合计”字样，并在合计栏下面画通栏红线。

（5）企业在年度终了，会计人员需要结账。凡有余额的账户，应将其余额结转下年，即将所有有余额的账户余额直接过入新账余额栏内，而不需专门编制记账凭证，也不需要将余额再记入各账户的借方，使本年余额为零。

借贷记账法的试算平衡根据资产与权益的恒等关系以及借贷记账法的记账规则，通过对所有会计科目的记录进行汇总和计算，检查各类会计科目记录是否正确。

依据借贷记账法的记账规则，全部会计科目本期借方发生额合计=全部会计科目本期贷方发生额合计是发生额试算平衡；依据资产与权益的恒等关系，资产=负债+所有者权益，是余额试算平衡：①期初余额试算平衡，即全部会计科目借方期初余额=全部会计科目贷方期初余额；②期末余额试算平衡，即全部会计科目借方期末余额=全部会计科目贷方期末余额。

编制试算平衡表的注意事项有：①确认余额已记入试算平衡表（缺少一个会计科目余额会造成期末借方与贷方余额不相等）；②如试算借贷不相等，证明记录有错误，查找错误，改正错误；如实现试算平衡，并不能说明会计科目记录绝对正确，如漏记（某项）、重记（某项）、借贷方向颠倒、用错会计科目并不会影响平衡关系。

6.3 财务会计报表

财务会计报告是指企业对外提供的反映企业某一特定日期的财务状况和某一会计期间的经营成果、现金流量等会计信息的文件。

财务会计报告的目标是向财务会计报告使用者提供与企业财务状况、经营成果和现金流量等有关的会计信息，反映企业管理层受托责任履行情况，有助于财务会计报告使用者做出经济决策。财务会计报告使用者包括投资者、债权人、政府及其有关部门和社会公众等。

1. 财务会计报告的构成

财务会计报告包括财务会计报表及其附注和其他应当在财务会计报告中披露的相关信息和资料。财务会计报表是财务会计报告的核心内容。

财务会计报表至少应当包括资产负债表、利润表、现金流量表、所有者权益（股东权益）变动表和附注。中期财务会计报表至少应当包括资产负债表、利润表、现金流量表和附注。

2. 财务会计报告的分类

（1）按照反映的经济内容不同，可分为静态报表和动态报表。静态报表是指综合反映企业某一特定日期资产、负债和所有者权益状况的报表，如资产负债表。动态报表是指综合反映企业一定时期的经营情况或现金流动情况的报表，如利润表或现金流量表。

（2）按编报会计主体不同，可分为个别会计报表和合并会计报表。

个别会计报表是指由企业在自身会计核算的基础上对账簿记录进行加工而编制的只反映企业本身的财务状况、经营成果和现金流量的财务报表。

合并会计报表是指以母公司和子公司组成的企业集团为会计主体，以母公司和所属子公司编制的个别财务报表为基础，由母公司编制的反映整个企业集团财务状况、经营成果和现金流量的财务报表。

（3）按报表编报期间的不同，可分为中期会计报表和年度会计报表。

中期会计报表是指以小于一个完整的会计年度的报告期间为基础编制的财务报表，包括月报、季报和半年报。中期会计报表至少应当包括资产负债表、利润表、现金流量表和附注。

年度会计报表是指以一个完整的会计年度为报告期总括反映企业年终财务状况和经营成果的报表。年度会计报表应当是完整的财务报表，包括资产负债表、利润表、现金流量表、所有者权益变动表和附注。

3. 财务会计报告的编制要求

财务会计报告应当符合下列要求：

（1）真实可靠。

（2）全面完整。

（3）编报及时。

（4）便于理解。

6.3.1 资产负债表

1. 资产负债表的概念和意义

（1）资产负债表的概念。资产负债表是指反映企业在某一特定日期的财务状况的会计报表。它是根据“资产=负债+所有者权益”这一会计等式，依照一定的分类标准和顺序，将企业在一定日期的全部资产、负债和所有者权益项目进行适当分类、汇总、排列后编制而成的。它以企业资产、负债和所有者权益的静态状况来说明企业某一特定日期的财务状况，因而又称为财务状况表。资产负债表是企业的主要财务报表之一。

（2）资产负债表的意义。通过编制资产负债表，可以反映企业资产的构成及其状况，分析企业在某一日期所拥有的经济资源及其分布情况；可以反映企业某一日期的负债总额及其结构，分析企业目前与未来需要支付的债务数额；可以反映企业所有者权益的情况，了解企业现有的投资者在企业资产总额中所占的份额。通过资产负债表，可以帮助报表使用者全面了解企业的财务状况，分析企业的债务偿还能力，从而为未来的经济决策提供参考信息。

2. 资产负债表的格式

资产负债表的格式主要有账户式和报告式两种。我国企业的资产负债表采用账户式结构。账户式资产负债表分左右两方，左方为资产项目，按资产的流动性大小排列；右方为负债及所有者权益项目，一般按求偿权先后顺序排列。

3. 资产负债表的内容

资产负债表的内容包括以下几项：

（1）资产类项目。资产类项目包括流动资产类项目和非流动资产类项目。

1）流动资产类项目包括货币资金、交易性金融资产、应收账款、应收票据、其他应收款、存货和一年内到期的非流动资产等。

2）非流动资产类项目包括可供出售金融资产、持有至到期投资、长期应收款、长期股权投资、投资性房地产、固定资产、在建工程、工程物资、固定资产清理等。

（2）负债类项目。负债类项目包括流动负债项目和非流动负债项目。

1）流动负债项目包括短期借款、应付票据、应付账款、其他应付款、应付职工薪酬等。

2）非流动负债项目包括长期借款、应付债券、长期应付款等。

（3）所有者权益类项目。所有者权益类项目包括股本、资本公积、盈余公积和未分配利润。

4. 资产负债表编制的基本方法

资产负债表有年初数和期末数，具体要求如下。

（1）“年初数”栏内各项数字，应根据上年末资产负债表的“期末数”栏内所列数字填列。

如果本年度资产负债表的各项目的名称和内容与上年不一致，应对上年年末资产负债表各项目的名称和数字按照本年度的规定进行调整。

（2）“期末数”资料来源以下几个方面：

1）根据总账科目余额填列。

2）直接根据总账科目的余额填列，如“交易性金融资产”“短期借款”“应付票据”“应付职工薪酬”等项目。

3）根据几个总账科目的余额计算填列，如“货币资金”项目。

4）根据有关明细科目的余额计算填列，如“应付账款”和“应收账款”项目。

5）根据总账科目和明细科目的余额分析计算填列，如“长期借款”项目。

6）根据总账科目与其备抵科目抵消后的净额填列，如资产负债表中的“应收账款”“长期股权投资”“在建工程”“固定资产”“无形资产”等项目。

7）综合运用上述填列方法分析填列，如资产负债表中的“存货”项目。

（3）资产负债表各项目的填列方法。

1）“货币资金”项目、反映企业库存现金、银行结算户存款、外埠存款、银行汇票存款、银行本票存款、信用卡存款、信用证保证金存款等的合计数。本项目应根据“库存现金”“银行存款”“其他货币资金”科目期末余额的合计数填列。

2）“交易性金融资产”项目，反映企业持有的以公允价值计量且其变动计入当期损益的为交易目的所持有的债券投资、股票投资、基金投资、权证投资等金融资产。本项目应当根据“交易性金融资产”科目的期末余额填列。

3）“应收票据”项目，反映企业因销售商品、提供劳务等而收到的商业汇票，包括银行承兑汇票和商业承兑汇票。本项目应根据“应收票据”科目的期末余额，减去“坏账准备”科目中有关应收票据计提的坏账准备期末余额后的金额填列。

4）“应收账款”项目，反映企业因销售商品、提供劳务等经营活动应收取的款项。本项目应根据“应收账款”和“预收账款”科目所属各明细科目的期末借方余额合计数，减去“坏账准备”科目中有关应收账款计提的坏账准备期末余额后的金额填列。

“应收账款”科目所属明细科目期末有贷方余额的，应在本表“预收款项”项目内填列。

5）“预付款项”项目，反映企业按照购货合同规定预付给供应单位的款项等。本项目应根据“预付账款”和“应付账款”科目所属各明细科目的期末借方余额合计数，减去“坏账准备”科目中有关预付款项计提的坏账准备期末余额后的金额填列。

“预付账款”科目所属各明细科目期末有贷方余额的，应在资产负债表“应付账款”项目内填列。

6）“应收利息”项目，反映企业应收取的债券投资等的利息。本项目应根据“应收利息”科目的期末余额，减去“坏账准备”科目中有关应收利息计提的坏账准备期末余额后的金额填列。

7）“应收股利”项目，反映企业应收取的现金股利和应收取其他单位分配的利润。本项目应根据“应收股利”科目的期末余额，减去“坏账准备”科目中有关应收股利计提的坏账准备期末余额后的金额填列。

8）“其他应收款”项目，反映企业除应收票据、应收账款、预付账款、应收股利、应收利息等经营活动以外的其他各种应收、暂付的款项。本项目应根据“其他应收款”科目的期末余额，减去“坏账准备”科目中有关其他应收款计提的坏账准备期末余额后的金额填列。

9）“存货”项目，反映企业期末在库、在途和在加工中的各种存货的可变现净值。本项目应根据“材料采购”“原材料”“库存商品”“周转材料”“委托加工物资”“委托代销商品”“生产成本”等科目的期末余额合计数，减去“受托代销商品款”“存货跌价准备”科目期末余额后的金额填列。材料采用计划成本核算，以及库存商品采用计划成本核算或售价核算的企业，还应按加或减材料成本差异、商品进销差价后的金额填列。

10）“一年内到期的非流动资产”项目，反映企业将于一年内到期的非流动资产项目金额。本项目应根据有关科目的期末余额填列。

11）“长期股权投资”项目，反映企业持有的对子公司、联营企业和合营企业的长期股权投资。本项目应根据“长期股权投资”科目的期末余额，减去“长期股权投资减值准备”科目的期末余额后的金额填列。

12）“固定资产”项目，反映企业各种固定资产原价减去累计折旧和累计减值准备后的净额。本项目应根据“固定资产”科目的期末余额，减去“累计折旧”和“固定资产减值准备”科目期末余额后的金额填列。

13）“在建工程”项目，反映企业期末各项未完工程的实际支出，包括交付安装的设备价值、未完建筑安装工程已经耗用的材料、工资和费用支出、预付出包工程的价款等的可收回金额。本项目应根据“在建工程”科目的期末余额，减去“在建工程减值准备”科目期末余额后的金额填列。

14）“工程物资”项目，反映企业尚未使用的各项工程物资的实际成本。本项目应根据“工程物资”科目的期末余额填列。

15）“固定资产清理”项目，反映企业因出售、毁损、报废等原因转入清理但尚未清理完毕的固定资产的净值，以及固定资产清理过程中所发生的清理费用和变价收入等各项金额的差额。本项目应根据“固定资产清理”科目的期末借方余额填列。如“固定资产清理”科目期末为贷方余额，以“–”填列。

16）“无形资产”项目，反映企业持有的无形资产，包括专利权、非专利技术、商标权、著作权、土地使用权等。本项目应根据“无形资产”的期末余额，减去“累计摊销”和“无形资产减值准备”科目期末余额后的金额填列。

17）“长期待摊费用”项目，反映企业已经发生但应由本期和以后各期负担的分摊期限在一年以上的各项费用。长期待摊费用中在一年内（含一年）摊销的部分，在资产负债表“一年内到期的非流动资产”项目填列。本项目应根据“长期待摊费用”科目的期末余额减去将于一年内（含一年）摊销的数额后的金额填列。

18）“其他非流动资产”项目，反映企业除长期股权投资、固定资产、在建工程、工程物资、无形资产等以外的其他非流动资产。本项目应根据有关科目的期末余额填列。

19）“短期借款”项目，反映企业向银行或其他金融机构等借入的期限在一年以下（含一年）的各种借款。本项目应根据“短期借款”科目的期末余额填列。

20）“应付票据”项目，反映企业购买材料、商品和接受劳务供应等而开出、承兑的商业汇票，包括银行承兑汇票和商业承兑汇票。本项目应根据“应付票据”科目的期末余额填列。

21）“应付账款”项目，反映企业因购买材料、商品和接受劳务供应等经营活动应支付的款项。本项目应根据“应付账款”和“预付账款”科目所属各明细科目的期末贷方余额合计数填列。如“应付账款”科目所属明细科目期末有借方余额的，应在资产负债表“预付款项”项目内填列。

22）“预收款项”项目，反映企业按照购货合同规定预付给供应单位的款项。本项目应根据“预收账款”和“应收账款”科目所属各明细科目的期末贷方余额合计数填列。如“预收账款”科目所属各明细科目期末有借方余额的，应在资产负债表“应收账款”项目内填列。

23）“应付职工薪酬”项目，反映企业根据有关规定应付给职工的工资、职工福利、社会保险费、住房公积金、工会经费、职工教育经费、非货币性福利、辞退福利等各种薪酬。外商投资企业按规定从净利润中提取的职工奖励及福利基金，也在本项目列示。

24）“应交税费”项目，反映企业按照税法规定计算应交纳的各种税费，包括增值税、消费税、营业税、所得税、资源税、土地增值税、城市维护建设税、房产税、土地使用税、车船使用税、教育费附加、矿产资源补偿费等。企业代扣代交的个人所得税，也通过本项目列示。企业所交纳的税金不需要预计应交税费来核算的，如印花税、耕地占用税等，不在本项目列示。本项目应根据“应交税费”科目的期末贷方余额填列。如“应交税费”科目期末为借方余额，应以“-”号填列。

25）“应付利息”项目，反映企业按照规定应当支付的利息，包括分期付息到期还本的长期借款应支付的利息、企业发行的企业债券应支付的利息等。本项目应当根据“应付利息”科目的期末余额填列。

26）“应付股利”项目，反映企业分配的现金股利或利润。企业分配的股票股利，不通过本项目列示。本项目应根据“应付股利”科目的期末余额填列。

27）“其他应付款”项目，反映企业除应付票据、应付账款、预收款项、应付职工薪酬、应付股利、应付利息、应交税费等经营活动以外的其他各项应付、暂收的款项。本项目应根据“其他应付款”科目的期末余额填列。

28）“一年内到期的非流动负债”项目，反映企业非流动负债中将于资产负债表日后一年内到期部分的金额，如将于一年内偿还的长期借款、本项目应根据有关科目的期末余额填列。

29)“长期借款”项目，反映企业向银行或其他金融机构借入的期限在一年以上（不含一年）的各项借款。本项目应根据“长期借款”科目的期末余额填列。

30)“应付债券”项目，反映企业为筹集长期资金而发行的债券本金和利息。本项目应根据“应付债券”科目的期末余额填列。

31)“其他非流动负债”项目，反映企业除长期借款、应付债券等项目以外的其他非流动负债。本项目应根据有关科目的期末余额填列。

32)“实收资本（或股本）”项目，反映企业各投资者实际投入的资本（或股本）总额。本项目应根据“实收资本”（或“股本”）科目的期末余额填列。

33)“资本公积”项目，反映企业资本公积的期末余额。本项目应根据“资本公积”科目的期末余额填列。

34)“盈余公积”项目，反映企业盈余公积的期末余额。本项目应根据“盈余公积”科目的期末余额填列。

35)“未分配利润”项目，反映企业尚未分配的利润。本项目应根据“本年利润”科目和“利润分配”科目的余额计算填列。未弥补的亏损在本项目内以“–”号填列。

6.3.2 利润表

1. 利润表的概念和意义

（1）利润表的概念。利润表又称损益表，是反映企业在一定会计期间的经营成果的会计报表。利润表属于动态会计报表。

（2）利润表的意义。通过利润表可以从总体上了解企业收入、成本和费用及净利润（亏损）的实现及构成情况，分析企业的获利能力及利润的未来发展趋势，了解投资者投入资本的保值增值的情况。

2. 利润表的格式

利润表由表头、表身和表尾等部分组成。其中表身是利润表的主体和核心。

利润表的格式主要有多步式和单步式两种。我国企业的利润表采用多步式。企业可以分如下3个步骤编制利润表。

（1）以营业收入为基础，减去营业成本、营业税金及附加、销售费用、管理费用、财务费用、资产减值损失，加上公允价值变动收益（减去公允价值变动损失）和投资收益（减去投资损失），计算出营业利润为

营业利润=营业收入–业成本–营业税金及附加–售费用–管理费用–财务费用
–资产减值损失+投资收益（减损失）+公允价值变动收益（减损失）

（2）以营业利润为基础，加上营业外收入，减去营业外支出，计算出利润总额为

利润总额=营业利润+营业外收入–营业外支出

（3）以利润总额为基础，减去所得税费用，计算出净利润（或净亏损）为

净利润=利润总额–所得税费用

3. 资产负债表编制的基本方法

利润表中各项目的数据来源主要是根据损益类科目的发生额分析填列。

（1）“上年金额”栏内各数字，根据上年度利润表“本期金额”栏填列或调整填列。

（2）“本年金额”栏的填报方法如下：

1)“营业收入”项目，反映企业经营主要业务和其他业务所确认的收入总额。本项目应根据“主营业务收入”和“其他业务收入”科目的发生额分析填列。

2)“营业成本”项目，反映企业经营主要业务和其他业务所发生的成本总额。本项目应根据“主营业务成本”和“其他业务成本”科目的发生额分析填列。

3)“营业税金及附加”项目，反映企业经营业务应负担的消费税、营业税、城市建设维护税、资源税、土地增值税和教育费附加等。本项目应根据“营业税金及附加”科目的发生额分析填列。

4)“销售费用”项目，反映企业在销售商品过程中发生的包装费、广告费等费用和为销售本企业商品而专设的销售机构的职工薪酬、业务费等经营费用。本项目应根据“销售费用”科目的发生额分析填列。

5)“管理费用”项目，反映企业为组织和管理生产经营发生的管理费用。本项目应根据“管理费用”的发生额分析填列。

6)“财务费用”项目，反映企业筹集生产经营所需资金等而发生的筹资费用。本项目应根据“财务费用”科目的发生额分析填列。

7)“资产减值损失”项目，反映企业各项资产发生的减值损失。本项目应根据“资产减值损失”科目的发生额分析填列。

8)“公允价值变动收益”项目，反映企业应当计入当期损益的资产或负债公允价值变动收益。本项目应根据“公允价值变动损益”科目的发生额分析填列。如为净损失，本项目以“–”号填列。

9)“投资收益”项目，反映企业以各种方式对外投资所取得的收益。本项目应根据“投资收益”科目的发生额分析填列。如为投资损失，本项目以“–”号填列。

10)“营业利润”项目，反映企业实现的营业利润。如为亏损，本项目以“–”号填列。

11)“营业外收入”项目，反映企业发生的与主营业务无直接关系的各项收入。本项目应根据“营业外收入”科目的发生额分析填列。

12)“营业外支出”项目，反映企业发生的与经营业务无直接关系的各项支出。本项目应根据“营业外支出”科目的发生额分析填列。

13)“利润总额”项目，反映企业实现的利润。如为亏损，本项目以“–”号填列。

14)“所得税费用”项目，反映企业应从当期利润总额中扣除的所得税费用。本项目应根据“所得税费用”科目的发生额分析填列。

(5)“净利润”项目，反映企业实现的净利润。如为亏损，本项目以“–”号填列。

6.3.3 其他会计报表

1. 现金流量表

现金流量表是指反映企业在一定会计期间现金和现金等价物流入和流出的报表。从编制原则上看，现金流量表按照收付实现制原则编制，将权责发生制下的盈利信息调整为收付实现制下的现金流量信息，便于信息使用者了解企业净利润的质量。从内容上看，现金流量表被划分为经营活动、投资活动和筹资活动三个部分，每类活动又分为各具体项目，这些项目从不同角度反映企业业务活动的现金流入与流出，弥补了资产负债表和利润表提供信息的不足。通过现金流量表，报表使用者能够了解现金流量的影响因素，评价企业的支付能力、偿债能力和周转能力，预测企业未来现金流量，为其决策提供有力依据。

2. 所有者权益变动表

所有者权益变动表是反映公司本期（年度或中期）内至截至期末所有者权益变动情况的报表。其中，所有者权益变动表应当全面反映一定时期所有者权益变动的情况，如所有者权益总量的增减变动，所有者权益增减变动的重要结构性信息，直接计入所有者权益的利得和损失。

3. 财务报表附注

财务报表附注应当提供关于财务报表的编制基础和企业针对重要经济业务采用的会计政策和会计估计的说明、对财务报表中重要项目的进一步解释，以及未在财务报表中列示，但国家统一的会计制度要求披露，或有助于准确、完整地理解财务报表的信息。

财务报表附注应当按照下列顺序披露：

（1）财务报表的编制基础。

（2）遵循企业会计准则的声明。

（3）重要会计政策的说明，包括财务报表项目的计量基础和会计政策的确定依据等。

（4）重要会计估计的说明，包括下一会计期间内很可能导致资产和负债账面价值重大调整的会计估计的确定依据等。

（5）会计政策和会计估计变更以及差错更正的说明。

（6）对已在资产负债表、利润表、现金流量表和所有者权益变动表中列示的重要项目的进一步说明，包括终止经营税后利润的金额及其构成情况等。

（7）或有和承诺事项、资产负债表日后非调整事项、关联方关系及其交易等需要说明的事项。

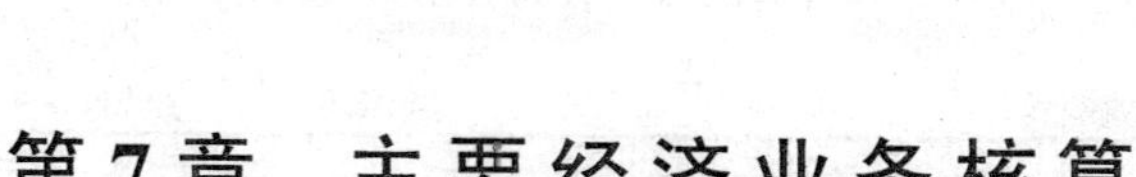

第7章　主要经济业务核算

当我们了解了企业经济活动的流程，掌握了企业主要经济业务内容，理解并掌握了记录这些业务应设置的主要账户、账户用途、结构及其相互间的对应关系，初步掌握了资金筹集过程、供应过程、生产过程、销售过程、财务成果形成及分配过程等主要经济业务核算的基本原理后，就能够根据原始凭证描述出经济业务，并能编制出会计分录。

小阅读

会计循环的第一步，就是分析经济业务，也就是运用复式记账原理，分析企业经济活动对各项会计要素的影响。对于每一笔经济业务，需要分析的具体问题包括：

（1）该业务影响到哪些会计要素。

（2）影响的方向是增加还是减少。

（3）被影响的要素通过什么会计账户反映。

【例 7-1】 根据华美有限责任公司 1 月份发生的经济业务，填制有关原始凭证，并编制会计分录。

（1）1 月 1 日，开出现金支票一张，从银行提取现金 5 000 元（附件 1 张：支票存根）。

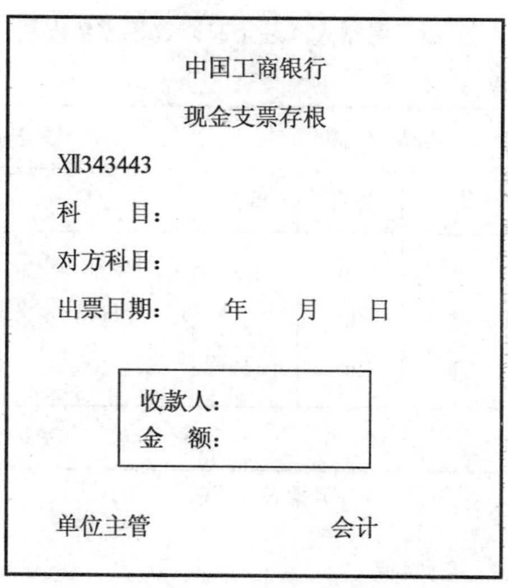

中国工商银行

现金支票存根

XII343443

科　　目：

对方科目：

出票日期：　　年　　月　　日

收款人：

金　额：

单位主管　　　　　　会计

借：库存现金　　　　5 000

　　贷：银行存款　　　　5 000

（2）1 月 3 日，李明出差借支差旅费 10 000 元，以现金支付（附件 2 张：领款单和公出审批单）。

华美有限责任公司公出审批单

年　月　日

部门		出差人	
公出事由		出差地点	
出差日期	年　月　日——年　月　日		
预计差旅费（大写）		金额（小写）	
部门审批		主管领导审批	

第一联

注　本单一式三联，凭第一联预支借款，凭第二联报销，第三联出差人留存。

华美有限责任公司领款凭证

领款日期：　年　月　日

领款部门名称		审批意见
领款原因		
金额（大写）	￥：	

借：其他应收款——李明　　10 000

　　贷：库存现金　　10 000

（3）1月3日，以现金支付办公用品费300元，其中车间办公费100元，行政管理部门办公费200元（附件2张，购买用品发票2张）。

浙江温州人本超市有限公司零售发票

统一发票监制章 浙江省温州市 地方税务局监制

税号：330300760159831 发票联　　No.0045315

开票日期2015年3月2日	购货单位名称		华美有限责任公司		
品名及规格	单位	数量	单价	金额	备注
稿纸	本	20	2.5	50	学院路店
水笔	支	30	5	150	
笔记本	本	20	5	100	
合计人民币（大写）	叁佰元整　￥300.00				

第二联　发票联

浙江温州人本超市有限公司 330300760159831 发票专用章

收款人：李超　　开票人：王东　　开票单位

盖章

借：制造费用　　100

　　管理费用　　200

　　贷：库存现金　　300

（4）1月3日，上月购入乙材料1 000千克，单价10元，发票金额10 000元，已验收入库（附件1张，收料单）。

收　料　单

材料类别：　　编号：112803

供货单位：　　发票号码：　　年　　月　　日　　收料仓库：

材料编号	材料名称	规格	计量单位	数量		实际价格			
				应收	实收	单价	发票金额	运杂费	合计
备　注									

采购员：宇翔　　检验员：钱刚　　记账员：刘乐　　保管员：李丹

借：原材料——乙材料　　10 000

　　贷：在途物资　　10 000

（5）1月6日，银行通知大江公司欠款10 000元已收到（附件1张：收款通知）。

委托收款凭证（收款凭证）

委邮　　委托日期：　　2015年1月6日

收款人	全称	华美有限责任公司		付款人	全称	大江公司							
	账号	244-778			账号	336699							
	开户银行	工行	行号		开户银行	交通银行							
委收金额	人民币大写	壹万元整			十	万	千	百	十	元	角	分	
					¥	1	0	0	0	0	0	0	
款项内容	货款	委托收款凭据名称	发货单及运单		附寄单证张数								
备注		上委托收款附有关单证请办理有关收款			科目（收） 对方科目（付） 转账　年03月03日								

此联收款人开户

收款人：刘晓敏　　开票：张华　开户行：　　收到日期：2015年01月06日

借：银行存款　　10 000

　　贷：应收账款　　10 000

（6）1月6日，向西北公司购入甲材料1 000千克，单价19.5元，计19 500元，增值税率17%，以转账支票支付（附件2张：转账支票和发票各1张）。

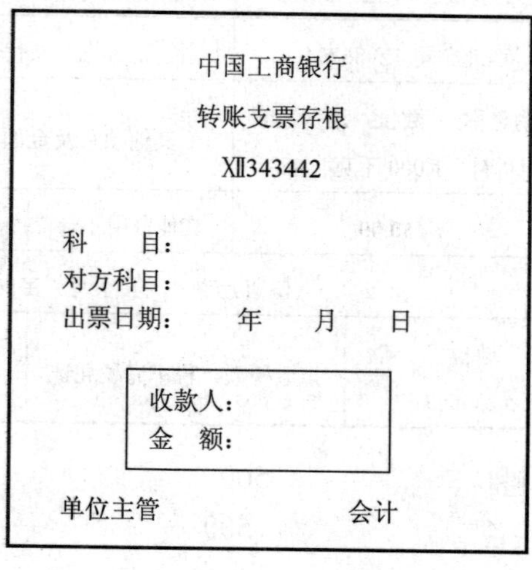

中国工商银行

转账支票存根

XII343442

科　　目：

对方科目：

出票日期：　　年　　月　　日

收款人：

金　额：

单位主管　　　会计

浙江增值税专用发票

3300053140 No.0063490 发票联　　开票日期：2015 年 1 月 6 日

购货单位	名称：华美有限公司 纳税人识别号：123456789 地址、电话：红星路 518 号 86679899 开户行及账号：工行 244–778	密码区	+2+2*1*7*<9+8+>50849/ /9-8399>226282*45*317 加密原本号：01 - 4059/9/+0/573904*<70 2200024140 8+5>*/<>>2–7*2<82>>+5　03132868

货物或应税劳务名称	规格型号	单位千克	数量 1 000	单价	金额	税率	税额
甲材料	Φ8-15			19.5	19 500	17%	3 315
合计					￥19 500		￥3 315
价税合计（大写）	贰万贰仟捌佰壹拾伍元整（小写）￥22 815.00						

销货单位	名称：西北公司 纳税人识别号：12986734 地 址、电 话：西北路 101 号 88220033 开户行及账号：工行 129578	备注	西北公司 12986734 发票专用章

收款人：李雪梅　　复核：　　开票人：刘红　　销货单位（章）

国税函［2002］559 号 海南华森实业公司

第二联：发票联 购货方记账凭证

借：在途物资——甲材料　　19 500

　　应交税费——应交增值税　　3 315

　　贷：银行存款　　22 815

（7）1 月 4 号，以现金 500 元支付上述甲材料运费（附件 1 张：运费收据）。

公路、内河货物运输业统一发票

发票代码：239082205　　开票日期：2015 年 1 月 4 日　　发票号码：2389004 发票联

机打代码 机打号码 机器编号	239082205 2389004	税控码		
收货人及纳税人识别号	华美有限公司 123456789	承运人及纳税人识别号	联运公司 33087890	
发货人及纳税人识别号	西北公司 12986734	主管税务机关及代码		
运输项目及金额	货物名称　数量　运费金额 甲材料　1 000 千克　450	其他项目及金额	杂费 50	备注 （手写无效）
运费小计	￥450.00	其他费用小计	￥50.00	
合计（大写）人民币	伍佰元整　　（小写）￥500.00			
代开单位及代码	地税局 234509	扣缴税额、税率完税凭证		

借：在途物资——甲材料　　500

　　贷：库存现金　　500

（8）1月6日，仓库送来验收入库甲材料1 000公斤，如数收回，结转其实际成本20 000元（附件1张：收料单）。

收　料　单　　编号：112804

供货单位：　　年　月　日　发票号码：　收料仓库：

材料编号	材料名称	规格	计量单位	数量		实际价格			
				应收	实收	单价	发票金额	运杂费	合计
备注									

采购员：宇翔　　检验员：钱刚　　记账员：刘乐　　保管员：李丹

借：原材料——甲材料　　20 000

　贷：在途物资——西北公司　　20 000

（9）1月8日，一车间生产A产品领用甲材料500公斤，单价20元，计10 000元；乙材料500公斤，单价10元，计5 000元（附件1张：领料单1张）。

领　料　单

领料单位：　　年　月　日　　No.12345

领料用途	材料名称	单位	出库数量	实发数量	单价	金额								备注
						十	万	千	百	十	元	角	分	

主管部门：　　会计主管：张敏　　保管员：李丹　　领料人：宋强

借：生产成本——A产品　　15 000

　贷：原材料——甲材料　　10 000

　　　　　——乙材料　　5 000

（10）1月8日，开出现金支票1张，从银行提取现金8 000元（附件1张：支票存根）。

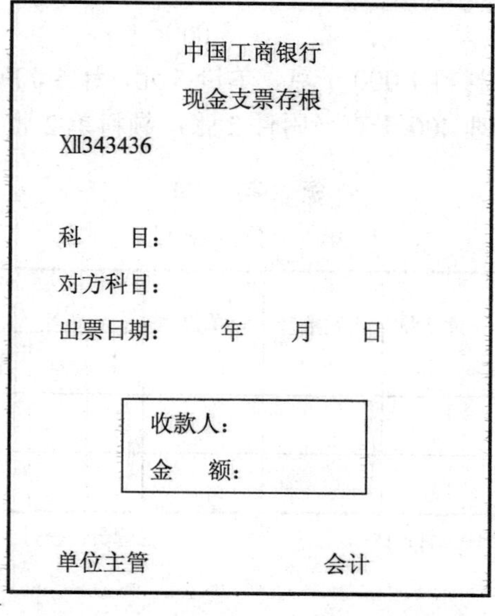
中国工商银行

现金支票存根

XII343436

科　　目：

对方科目：

出票日期：　年　月　日

收款人：

金　　额：

单位主管　　会计

借：库存现金　　　　　　　　8 000

　　贷：银行存款　　　　　　　　8 000

（11）以银行存款上交上月税金 2 500 元和教育费附加 500 元（附件 1 张：交缴书）。

中华人民共和国

税收缴款单

隶属关系：　　经济类型：　　填发日期：2015 年 1 月 8 日　　　　　征收机关：

缴款单位	代码	001	预算科目	款	
	全称	华美有限公司		项	
	开户银行	工商银行		级次	
	账号	244-778	收款国库		

税款所属时期　年　月　日	税款限缴日期　年　月　日

品目名称	计税金额或销售额	税率	已缴或扣除额	实缴金额								
				百	十	万	千	百	十	元	角	分
增值税	200 000	17%	31 500				2	5	0	0	0	0
教育费附加								5	0	0	0	0
金额合计（大写）		叁仟元整				¥	3	0	0	0	0	0

缴款单位（盖章）经办人（章）	税务机关（盖章）填票人（章）温州市地方税务局	上列款项已收妥并划转收款单位账户国库（银行）盖章　年　月　日	备注

注　逾期不缴按税法规定加收滞纳金。

借：应交税费——增值税　　　　2 500

　　　　　　——教育费附加　　500

　　贷：银行存款　　　　　　　3 000

（12）1 月 8 日，领用丙材料 1 000 千克，单价 5 元，计 5 000 元，其中用于车间修理 600 千克，公司行政管理部门修理 400 千克（附件 2 张：领料单 2 张）。

领　料　单

领料单位：　　　　　　　年　　月　　日　　　　　　No.12346

领料用途	材料名称	单位	出库数量	实发数量	单价	金额								备注
						十	万	千	百	十	元	角	分	

主管部门：　　　　会计主管：张敏　　　　保管员：李丹　　　　领料人：宋强

领　料　单

领料单位：　　　　年　月　日　　　　No.12347

领料用途	材料名称	单位	出库数量	实发数量	单价	金额								备注
						十	万	千	百	十	元	角	分	

主管部门：　　会计主管：张敏　　保管员：李丹　　领料人：宋强

借：制造费用　　3 000

管理费用　　2 000

贷：原材料——丙材料　　5 000

（13）1 月 9 日，以现金支付会议费用 150 元（附件 1 张：费用发票 1 张）。

浙江温州人本超市有限公司零售发票

税号：330300760159831　　发票联　　No.0045415

开票日期 2015 年 1 月 9 日		购货单位名称		华美有限公司	
品名及规格	单位	数量	单价	金额	备注
笔记本 笔记本	本 本	40 10	2.5 5	100 50	学院路店
合计人民币（大写）		壹佰伍拾元整　¥150.00			

第二联　发票联

收款人：王玫　　开票人：李东　　开票单位盖章

借：管理费用　　150

贷：库存现金　　150

（14）1 月 9 日，以现金支付下季度报刊杂志费 600 元（附件 1 张：收据 1 张）。

中国邮政报刊费收据

户名：华美有限公司　　地址：红星路 518 号　　日期：2015 年 1 月 9 日

查询号：33040051740　　收订局：温州市上顿门邮政所　　No.0374071

序号	报刊代号	报刊名称	起止订期份数	定价	款额	备注
12-551 环球经济 4-61200.00　200.00 232-21 中国商界 4-62200.00　400.00						
共计款额：陆佰元整					¥600.00	

营业员：雷雨　　日戳：2015.1.9

订户注意：

（1）请核对填制内容是否正确，是否加盖章戳。

（2）如有查询、退订、改址等事项，请交验此发票。

（3）报刊名称前带*表示不可退订。邮政客户服务电话：11185。

借：待摊费用　　600

贷：库存现金　　600

（15）1 月 9 日，出售给大江公司 A 产品 800 件，单价 50 元，增值税率 17%，款未收（附件 1 张：发票）。

浙江增值税专用发票

3300053140 发票联　　开票日期：年　月　日　　No.0053490

国税函［2002］559 号 海南华森实业公司

购货单位	名称： 纳税人识别号： 地址、电话： 开户行及账号：			密码区			
货物或应税劳务名称 合　计	规格型号	单位	数量	单价	金额	税率	税额
价税合计（大写）	（小写）						
销货单位	名称： 纳税人识别号： 地址、电话： 开户行及账号：			备注			

第三联：记账联 销货方记账凭证

收款：刘晓敏　　开票：张华　　复核：　　销货单位（章）

借：应收账款——大江公司　　46 800

　贷：主营业务收入——A 产品　　40 000

　　应交税费——应交增值税　　6 800

（16）1 月 10 日，接受国家投资 200 000 元，存入银行（附件 1 张：收款通知）。

中国工商银行进账单（收账通知）

委托日期：2015 年 1 月 10 日　　第 1987 号

付款人	全称	国家投资部门	收款人	全称	华美有限公司
	账号	136978		账号	244-778
	开户行	交通银行		开户行	工商银行

人民币（大写）	贰拾万元整	百	十	万	千	百	十	元	角	分
		¥	2	0	0	0	0	0	0	0

票据种类	转支	收款人开户行盖章
票据张数 1	凭证张数	
主管 会计 复核 记账		

借：银行存款　　200 000

　贷：实收资本　　200 000

（17）1 月 11 日，以银行存款 20 000 元，归还短期借款（附件 1 张：还款收据）。

偿还贷款凭证（第一联）

2015 年 1 月 11 日

借款单位名称	华美有限公司	贷款账号	1000261			结算账号		41069432		
还款金额（大写）	贰万元整		百	十	万	千	百	十	元	角	分
				¥	2	0	0	0	0	0	0
贷款种类	生产周转	借款日期	2014.10.20			还款日期		2015.01.11		
同上列款项已由你单位 244-778 账户 归还借款 中国工商银行			备注							

复核员：　记账员：

偿还贷款收据

借：短期借款　　20 000

　贷：银行存款　　20 000

（18）1 月 11 日，向蒙洁公司出售 A 产品 200 件，单价 50 元，增值税率 17%，款已收到存入银行（附件 2 张：发票，收账通知）。

浙江增值税专用发票

3300053140 发票联　　开票日期：　年　月　日　　No.0053491

购货单位	名称： 纳税人识别号： 地址、电话： 开户行及账号：				密码区		
货物或应税劳务名称 合计	规格型号	单位	数量	单价	金额	税率	税额
价税合计（大写）	（小写）						
销货单位	名称： 纳税人识别号： 地址、电话： 开户行及账号：				备注		

收款人：　复核：　开票人：　销货单位　（章）

国税函［2002］559 号　海南华森实业公司

第三联：记账联　销货方记账凭证

中国工商银行进账单（收账通知）

委托日期：2015 年 1 月 11 日　　第 1937 号

付款人	全称	蒙洁公司	收款人	全称	华美有限公司							
	账号	123456		账号	244-778							
	开户行	建设银行		开户行	工商银行							
人民币（大写）	壹万壹仟柒佰元整		百	十	万	千	百	十	元	角	分	
				¥	1	1	7	0	0	0	0	
票据种类	转支		收款人开户行盖章									
票据张数	1	凭证张数										
主管　会计　复核　记账												

借：银行存款 11 700
　　贷：主营业务收入——A 产品 10 000
　　　　应交税费——增值税 1 700

（19）1 月 12 日，以现金支付汽车修理费 2 000 元（附件 1 张：费用发票）。

市服务业统一发票

客户：华美有限公司　　发票联　　2015 年 1 月 12 日

项目	摘要	单位	数量	金额	金额						
					万	千	百	十	元	角	分
	修理费					2	0	0	0	0	0
合计人民币（大写）　贰仟元整					¥	2	0	0	0	0	0

浙江华科汽车有限公司 330300760158832 发票专用章

收款：刘晓敏　　开票：张华　　开票单位章

借：管理费用 2 000
　　贷：库存现金 2 000

（20）1 月 12 日，一车间生产 A 产品领用甲材料 1 000 千克，单价 20 元，计 20 000 元；一车间一般耗用领用丙材料 100 千克，单价 5 元，计 500 元（附件 1 张：领料单 1 张）。

领　料　单

领料单位：　　年　月　日　　No.12348

领料用途	材料名称	单位	出库数量	实发数量	单价	金额								备注
						十	万	千	百	十	元	角	分	

主管部门：　　会计主管：张敏　　保管员：李丹　　领料人：宋强

借：生产成本——A 产品 20 000
　　制造费用 500
　　贷：原材料——甲材料 20 000
　　　　　　——丙材料 500

（21）1 月 13 日，出售给黄河公司 A 产品 200 件，单价 50 元，税率 17%，其中 5 000 元已收到存入银行，其余未收（附件 2 张：发票和收账通知各 1 张）。

中国工商银行进账单（收账通知）

委托日期：2015 年 1 月 13 日　　　　第 1789 号

付款人	全称	黄河公司	收款人	全称	华美有限公司
	账号	123456		账号	244-778
	开户行	建设银行		开户行	工商银行

人民币（大写）	百	十	万	千	百	十	元	角	分
伍仟元整			¥	5	0	0	0	0	0

票据种类		转支		收款人开户行盖章
票据张数	1	凭证张数		
主管　会计　复核　记账				

借：应收账款——黄河公司　　6 700

　　银行存款　　5 000

　贷：主营业务收入——A 产品　　10 000

　　　应交税费——应交增值税（销项税）　　1 700

浙江增值税专用发票

3300053140 发票联　　开票日期：　年　月　日　　No.0053492

购货单位	名称： 纳税人识别号： 地 址、电 话： 开户行及账号：	密码区					
货物或应税劳务名称	规格型号	单位	数量	单价	金额	税率	税额
合　计							
价税合计（大写）				（小写）			
销货单位	名　称： 纳税人识别号： 地址、电话： 开户行及账号：	备注					

收款人：　　复核：　　开票人：　　销货单位（章）

国税函 [2002] 559 号 海南华森实业公司

第三联：记账联 销货方记账凭证

【练习】根据下列凭证和华欣有限公司 2 月份发生的经济业务编制会计分录。

1.

中国工商银行
现金支票存根
XII343436

科　　目：
对方科目：
出票日期：2015 年 02 月 01 日

收款人：
金　　额：5 000

单位主管　　　　　　会计

2.

华欣有限公司公出审批单

2015 年 02 月 02 日

部门	质检部门	出差人	李明
公出事由		出差地点	
出差日期	年　月　日——　年　月　日		
预计差旅费（大写）	叁仟元	金额（小写）	3 000 元
部门审批		主管领导审批	

第1联

注　本单一式三联，凭第一联预支借款，凭第二联报销，第三联出差人留存。

华欣有限公司领款凭证

领款日期：　　年　　月　　日

领款部门名称	质检部门	审批意见
领款原因	培训	同意　陈翔
金额（大写）	叁仟元整　　￥：3 000 元	

3.

浙江温州人本超市有限公司零售发票

税号：330300760159831　发票联　　　　No.0045315

开票日期 2015 年 2 月 2 日	购货单位名称			华欣有限公司	
品名及规格	单位	数量	单价	金额	备注
稿纸	本	20	2.5	50	学院路店
水笔	支	30	5	150	
笔记本	本	20	5	100	
毛巾	条	5	10	50	
合计人民币（大写）	叁佰伍拾元整　￥350.00				

第二联　发票联

收款人：李超　　　　开票人：王东　　　　开票单位盖章

全国统一发票监制章　地方税务局监制

浙江温州人本超市有限公司　330300760159831　发票专用章

4.

收　料　单

材料类别：编号：112803

供货单位：　发票号码：　2015 年 02 月 03 日　收料仓库：

材料编号	材料名称	规格	计量单位	数量		实际价格			
				应收	实收	单价	发票金额	运杂费	合计
	乙材料				1 000	10 元	10 000 元	300	10 300
备注									

采购员：宇翔　检验员：钱刚　记账员：刘乐　保管员：李丹

注：本经济业务是上月购入乙材料，半月验收入库。

5.

委托收款凭证（收款凭证）

委邮　委托日期：2015 年 01 月 06 日

收款人	全称	华欣有限公司		付款人	全称	大江公司
	账号	244-778			账号	336699
	开户银行	工行	行号		开户银行	交通银行
委收金额	人民币（大写）	壹万元整			十 万 千 百 十 元 角 分 ¥ 1 0 0 0 0 0 0	
款项内容	货款	委托收款凭据名称	发货单及运单		附寄单证张数	
备注		上委托收款附有关单证请办理有关收款			科目（收） 对方科目（付） 转账　年 03 月 03 日	

此联收款人开户银行作收入传票

中国工商银行温州支行 06.03.03 转讫章

收款人　开户行　收到日期 2015 年 01 月 06 日

注：大江公司前欠华欣有限公司货款。

6.

中国工商银行
现金支票存根
XII343442

科　目：
对方科目：
出票日期：2015 年 02 月 06 日

收款人：22 851 元
金　额：

单位主管　会计

7.

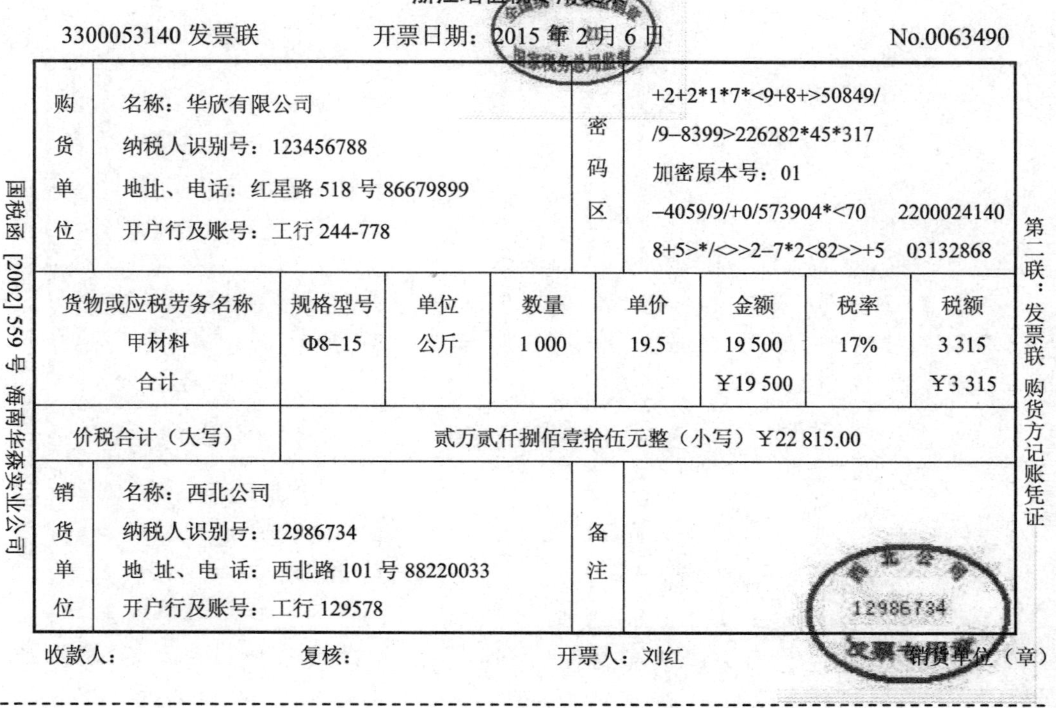

浙江增值税专用发票

3300053140 发票联　　开票日期：2015 年 2 月 6 日　　No.0063490

购货单位	名称：华欣有限公司 纳税人识别号：123456788 地址、电话：红星路 518 号 86679899 开户行及账号：工行 244-778	密码区	+2+2*1*7*<9+8+>50849/ /9–8399>226282*45*317 加密原本号：01 –4059/9/+0/573904*<70　2200024140 8+5>*/<>>2–7*2<82>>+5　03132868

货物或应税劳务名称	规格型号	单位	数量	单价	金额	税率	税额
甲材料	Φ8–15	公斤	1 000	19.5	19 500	17%	3 315
合计					￥19 500		￥3 315
价税合计（大写）	贰万贰仟捌佰壹拾伍元整（小写）￥22 815.00						

销货单位	名称：西北公司 纳税人识别号：12986734 地　址、电　话：西北路 101 号 88220033 开户行及账号：工行 129578	备注	

收款人：　　复核：　　开票人：刘红　　销货单位（章）

国税函［2002］559 号　海南华森实业公司

第二联：发票联　购货方记账凭证

8.

公路、内河货物运输业统一发票

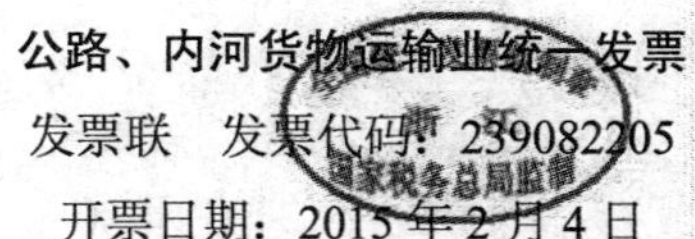

发票联　发票代码：239082205

开票日期：2015 年 2 月 4 日　　发票号码：2389004

机打代码 机打号码 机器编号	239082206 2389005	税控码	
收货人及纳税人识别号	华欣有限公司 123456789	承运人及纳税人识别号	联运公司　33087890
发货人及纳税人识别号	西北公司　12986734	主管税务机关及代码	

运输项目及金额	货物名称　数量　运费金额 甲材料　1 000 公斤　450	其他项目及金额	杂费 50	备注（手写无效）
运费小计	￥450.00	其他费用小计	￥50.00	
合计（大写）人民币	伍佰元整　（小写）￥500.00			
代开单位及代码	地税局 234509	扣缴税额、税率完税凭证		

注：以现金 500 元支付上述甲材料运费（附件 1 张：运费收据）。

再接着前面演示，根据下列凭证和华欣有限公司 2 月份发生的经济业务编制记账凭证。

1．

中国工商银行
现金支票存根
XII343443

科　　目：
对方科目：
出票日期：2015 年 02 月 01 日

收款人：
金　　额：5 000 元

单位主管　　　　会计

记 账 凭 证

2015 年 02 月 01 日　　　　银字第 1 号

摘要附件	总账科目	明细科目	√	借方科目										√	贷方科目									
				千	十	十	万	千	百	十	元	角	分		千	百	十	万	千	百	十	元	角	分
提现	库存现金							5	0	0	0	0	0											
提现	银行存款																		5	0	0	0	0	0
合计							¥	5	0	0	0	0	0					¥	5	0	0	0	0	0

财务主管：　　记账：刘彤　　出纳：谢莉　　审核：卢琳　　制单：王芳

2．

华欣有限公司公出审批单

2015 年 02 月 02 日

部门	质检部门	出差人	李明
公出事由		出差地点	
出差日期	年　月　日—— 年　月　日		
预计差旅费（大写）	叁仟元	金额（小写）	3 000 元
部门审批		主管领导审批	

第一联

注　本单一式三联，凭第一联预支借款，凭第二联报销，第三联出差人留存。

华欣有限公司领款凭证

领款日期：　　年　　月　　日

领款部门名称	质检部门	审批意见
领款原因	培训	同意　陈翔
金额（大写）	叁仟元整　　¥：3 000 元	

记 账 凭 证

2015 年 02 月 02 日　　现字第 1 号

摘要附件	总账科目	明细科目	√	借方科目										√	贷方科目									
				千	十	十	万	千	百	十	元	角	分		千	百	十	万	千	百	十	元	角	分
预借差旅费	库存现金																		3	0	0	0	0	0
预借差旅费	其他应收款							3	0	0	0	0	0											
合计							¥	3	0	0	0	0	0					¥	3	0	0	0	0	0

财务主管：　　记账：刘彤　　出纳：谢莉　　审核：卢琳　　制单：王芳

3．

浙江温州人本超市有限公司零售发票

税号：330300760159831　发票联　　No.0045315

开票日期 2015 年 2 月 2 日	购货单位名称			华欣有限公司	
品名及规格	单位	数量	单价	金额	备注
稿纸	本	20	2.5	50	学院路店
水笔	支	30	5	150	
笔记本	本	20	5	100	
毛巾	条	5	10	50	
合计人民币（大写）	叁佰伍拾元整　¥350.00				

第二联　发票联

收款人：李超　　开票人：王东　　开票单位盖章

记 账 凭 证

2015 年 02 月 02 日　　银字第 1 号

摘要附件	总账科目	明细科目	√	借方科目										√	贷方科目									
				千	十	十	万	千	百	十	元	角	分		千	百	十	万	千	百	十	元	角	分
水笔等	管理费用								3	5	0	0	0											
	库存现金																			3	5	0	0	0
合计								¥	3	5	0	0	0						¥	3	5	0	0	0

财务主管：　　记账：刘彤　　出纳：谢莉　　审核：卢琳　　制单：王芳

4.

收　料　单

材料类别：编号：112803

供货单位：　　发票号码：　　2015 年 02 月 03 日　　收料仓库：

材料编号	材料名称	规格	计量单位	数量		实际价格			
				应收	实收	单价	发票金额	运杂费	合计
	乙材料				1 000	10 元	10 000 元	300	10 300
备注									

采购员：宇翔　　检验员：钱刚　　记账员：刘乐　　保管员：李丹

注：本经济业务是上月购入乙材料，半月验收入库。

记　账　凭　证

2015 年 02 月 03 日　　转字第 1 号

摘要附件	总账科目	明细科目	√	借方科目										√	贷方科目									
				千	十	十	万	千	百	十	元	角	分		千	百	十	万	千	百	十	元	角	分
材料验收入库	在途材料																	1	0	3	0	0	0	0
材料验收入库	原材料						1	0	3	0	0	0	0											
合计								3	0	0	0	0	0						3	0	0	0	0	0

财务主管：　　记账：刘彤　　出纳：谢莉　　审核：卢琳　　制单：王芳

5.

委托收款凭证（收款凭证）

委邮　　委托日期：2015 年 01 月 06 日

收款人	全称	华欣有限公司		付款人	全称	大江公司						
	账号	244-778			账号	336699						
	开户银行	工行	行号		开户银行	交通银行						
委收金额	人民币（大写）	壹万元整		十	万	千	百	十	元	角	分	
				¥	1	0	0	0	0	0	0	
款项内容	货款	委托收款凭据名称	发货单及运单	附寄单证张数								
备注		上委托收款附有关单证请办理有关收款		科目（收） 对方科目（付） 转账　年 03 月 03 日								

此联收款人开户银行作收入传票

中国工商银行 温州支行 06.03.03 收讫

收款人开户行收到日期 2015 年 01 月 06 日

注：大江公司前欠华欣有限公司货款。

记 账 凭 证

2015 年 02 月 02 日　　　　银字第 2 号

摘要附件	总账科目	明细科目	√	借方科目										√	贷方科目									
				千	十	十	万	千	百	十	元	角	分		千	百	十	万	千	百	十	元	角	分
收大江公司货款	应收账款																	1	0	0	0	0	0	0
收大江公司货款	银行存款						1	0	0	0	0	0	0											
合计						¥	1	0	0	0	0	0	0					¥	0	0	0	0	0	0

财务主管：　　记账：刘彤　　出纳：谢莉　　审核：卢琳　　制单：王芳

6．

中国工商银行
现金支票存根
XII343442

科　　目：

对方科目：

出票日期：2015 年 02 月 03 日

收款人：22 815 元

金　额：

单位主管　　　　会计

浙江增值税专用发票

3300053140　　发票联　　开票日期：2015 年 2 月 6 日　　No.0063490

（印章：浙江 国家税务总局监制）

国税函［2002］559 号 海南华森实业公司号

购货单位	名称：华欣有限公司 纳税人识别号：123456788 地 址、电 话：红星路 518 号 86679899 开户行及账号：工行 244-778			密码区	+2+2*1*7*<9+8+>50849/ /9–8399>226282*45*317 加密原本号：01 –4059/9/+0/573904*<70　2200024140 8+5>*/<>>2–7*2<82>>+5　03132868		
货物或应税劳务名称	规格型号	单位	数量	单价	金额	税率	税额
甲材料	Φ8-15	公斤	1 000	19.5	19 500	17%	3 315
合计					¥19 500		¥3 315
价税合计（大写）	贰万贰仟捌佰壹拾伍元整（小写）¥22 815.00						
销货单位	名称：西北公司 纳税人识别号：12986734 地 址、电 话：西北路 101 号 88220033 开户行及账号：工行 129578			备注	（印章：西北公司 12986734 发票专用章）		

第二联：发票联 购货方记账凭证

收款人：　　复核：　　　　开票人：刘红　　　　销货单位（章）

记 账 凭 证

2015 年 02 月 06 日　　　　银字第 3 号

摘要附件	总账科目	明细科目	√	借方科目 千	十	十	万	千	百	十	元	角	分	√	贷方科目 千	百	十	万	千	百	十	元	角	分
购买材料	在途材料						1	9	5	0	0	0	0											
应交税	应交税费	增值税（进）						3	3	1	5	0	0											
付材料款	银行存款																	2	2	8	1	5	0	
合计							2	2	8	1	5	0	0					2	2	8	1	5	0	0

财务主管：　　记账：　　出纳：　　审核：　　制单：

7.

公路、内河货物运输业统一发票

发票联　发票代码：239082205

开票日期：2015 年 2 月 4 日　　　　发票号码：2389004

机打代码 机打号码 机器编号	239082206 2389005	税控码	
收货人及纳税人识别号	华欣有限公司 123456789	承运人及纳税人识别号	联运公司 33087890
发货人及纳税人识别号	西北公司 12986734	主管税务机关及代码	
运输项目及金额	货物名称 数量运费金额 甲材料 1 000 公斤 450	其他项目及金额　杂费 50	备注（手写无效）
运费小计	￥450.00	其他费用小计	￥50.00
合计（大写）人民币	伍佰元整　（小写）￥500.00		
代开单位及代码	地税局 234509	扣缴税额、税率 完税凭证	

注：以现金 500 元支付上述甲材料运费（附件 1 张：运费收据）。

记 账 凭 证

2015 年 02 月 06 日　　　　现字第 2 号

摘要	总账科目	明细科目	√	借方科目 千	十	十	万	千	百	十	元	角	分	√	贷方科目 千	百	十	万	千	百	十	元	角	分
付运费	库存现金																			5	0	0	0	0
付运费	在途材料								5	0	0	0	0											
合计									5	0	0	0	0							5	0	0	0	0

财务主管：　　记账：刘彤　　出纳：谢莉　　审核：卢琳　　制单：王芳

8.

领　料　单

领料单位：生产车间　　　　2015 年 02 月 08 日　　　　No.12355

领料用途	材料名称	单位	出库数量	实发数量	单价	金　额								备注
						十	万	千	百	十	元	角	分	
生产 A 产品	甲材料	kg		500	20		1	0	0	0	0	0	0	
生产 A 产品	乙材料	kg		500	10			5	0	0	0	0	0	

主管部门：　　　　会计主管：张敏　　　　保管员：李丹　　　　领料人：宋强

记　账　凭　证

2015 年 02 月 08 日　　　　转字第 2 号

摘要	总账科目	明细科目	√	借　方　科　目										√	贷　方　科　目									
				千	十	十	万	千	百	十	元	角	分		千	百	十	万	千	百	十	元	角	分
领用材料	原材料	甲材料					1	0	0	0	0	0	0											
领用材料	原材料	乙材料						5	0	0		0	0											
领用材料	生产成本	A 材料																1	5	0	0	0	0	0
合计							1	5	0	0	0	0	0					1	5	0	0	0	0	0

财务主管：　　　　记账：　　　　出纳：　　　　审核：　　　　制单：

接下来自己进行账务处理。

1.

中国工商银行

现金支票存根

XII343443

科　　目：

对方科目：

出票日期：2015 年 02 月 01 日

收款人：

金　　额：5 000 元

单位主管　　　　会计

记 账 凭 证

年　　月　　日　　　　　　　　　　　　字　第　号

摘要	总账科目	明细科目	√	借方科目										√	贷方科目									
				千	十	十	万	千	百	十	元	角	分		千	百	十	万	千	百	十	元	角	分
合计																								

财务主管：　　　　记账：　　　　出纳：　　　　审核：　　　　制单：

2.

借　款　单

借款单位：财务部门		
借款理由：培训		
借款数额：人民币（大写）壹万元整		¥10000 元
本单位负责人意见		借款人（签章）李玲
机关首长批示：	会计主管人员核批：	付款记录： 年　月　日以第　号 支票或现金支出凭单付给

记 账 凭 证

年　　月　　日　　　　　　　　　　　　字　第　号

摘要附件	总账科目	明细科目	√	借方科目										√	贷方科目									
				千	十	十	万	千	百	十	元	角	分		千	百	十	万	千	百	十	元	角	分
合计																								

财务主管：　　　　记账：　　　　出纳：　　　　审核：　　　　制单：

3.

浙江温州人本超市有限公司零售发票

发票联

（印章：全国统一发票监制章 浙江省温州市 地方税务局监制）

税号：330300760159831　　　　　　　　NO：0045315

开票日期 2015 年 2 月 2 日	购货单位名称			华欣有限公司	
品名及规格	单位	数量	单价	金　额	备注
稿纸	本	20	2.5	50	学院路店
水笔	支	30	5	150	
笔记本	本	20	5	100	
毛巾	条	5	10	50	
合计人民币（大写）	叁佰伍拾元整　¥350.00				

（印章：浙江温州人本超市有限公司 330300760159831 发票专用章）

第二联　发票联

收款人：李超　　　　开票人：王东　　　　开票单位盖章

记 账 凭 证

年　月　日　　　　字 第 号

摘要附件	总账科目	明细科目	√	借方科目										√	贷方科目									
				千	十	十	万	千	百	十	元	角	分		千	百	十	万	千	百	十	元	角	分
合计																								

财务主管：　记账：　出纳：　审核：　制单：

4.

收 料 单

材料类别：编号：112803

供货单位：发票号码：　2015 年 02 月 03 日　收料仓库：

材料编号	材料名称	规格	计量单位	数量		实际价格			
				应收	实收	单价	发票金额	运杂费	合计
	乙材料				1 000	10 元	10 000 元	300	10 300
备注									

采购员：　检验员：　记账员：　保管员：

注：本经济业务是上月购入乙材料，半月验收入库。

记 账 凭 证

年　月　日　　　　字 第 号

摘要附件	总账科目	明细科目	√	借方科目										√	贷方科目									
				千	十	十	万	千	百	十	元	角	分		千	百	十	万	千	百	十	元	角	分
合计																								

财务主管：　记账：　出纳：　审核：　制单：

5.

委托收款凭证（收款凭证）

委邮　　　　　　委托日期：　　　　　　2015 年 01 月 06 日

收款人	全称	华欣有限公司			付款人	全称	大江公司						
	账号	244-778				账号	336699						
	开户银行	工行	行号			开户银行	交通银行						
委收金额	人民币（大写）	壹万元整				十	万	千	百	十	元	角	分
						¥	1	0	0	0	0	0	0
款项内容	货款	委托收款凭据名称	发货单及运单			附寄单证张数							
备注		上委托收款附有关单证请办理有关收款				科目（收） 对方科目（付） 转账　年 03 月 03 日							

此联收款人开户银行作收入传票

中国工商银行 温州支行 06.03.03

收款人开户行收到日期 2015 年 01 月 06 日

注：大江公司前欠华欣有限公司货款。

记　账　凭　证

年　　月　　日　　　　　　　　字　第　号

摘要附件	总账科目	明细科目	√	借方科目 千	十	十	万	千	百	十	元	角	分	√	贷方科目 千	百	十	万	千	百	十	元	角	分
合计																								

财务主管：　　　记账：　　　出纳：　　　审核：　　　制单：

6.

中国工商银行

现金支票存根

XII343442

科　　目：

对方科目：

出票日期：2015 年 02 月 06 日

收款人：22 851 元

金　额：

单位主管　　　　会计

浙江增值税专用发票

3300053140　发票联　　开票日期：2015 年 2 月 6 日　　No.0063490

国税函［2002］559 号 海南华森实业公司号

购货单位	名　　称：华欣有限公司 纳税人识别号：123456788 地址、电话：红星路 518 号 86679899 开户行及账号：工行 244-778	密码区	+2+2*1*7*<9+8+>50849/ /9−8399>226282*45*317　加密原本号：01 −4059/9/+0/573904*<70　2200024140 8+5>*/<>>2−7*2<82>>+5　03132868

货物或应税劳务名称	规格型号	单位	数量	单价	金额	税率	税额
甲材料	Φ8-15	公斤	1 000	19.5	19 500	17%	3 315
合　　计					￥19 500		￥3 315
价税合计（大写）	贰万贰仟捌佰壹拾伍元整（小写）￥22 815.00						

销货单位	名　　称：西北公司 纳税人识别号：12986734 地　址、电　话：西北路 101 号 88220033 开户行及账号：工行 129578	备注	西北公司 12986734 发票专用章

收款人：　　复核：　　开票人：刘红　　销货单位（章）

第二联：发票联 购货方记账凭证

记　账　凭　证

年　月　日　　　字　第　号

摘要	总账科目	明细科目	√	借方科目 千	十	十	万	千	百	十	元	角	分	√	贷方科目 千	百	十	万	千	百	十	元	角	分
合计																								

财务主管：　　记账：　　出纳：　　审核：　　制单：

7.

公路、内河货物运输业统一发票

发票联发票代码：239082205

开票日期：2015 年 2 月 4 日　　发票号码：2389004

机打代码 机打号码 机器编号	239082206 2389005	税控码		
收货人及纳税人识别号	华欣有限公司 123456789	承运人及纳税人识别号	联运公司 33087890	
发货人及纳税人识别号	西北公司 12986734	主管税务机关及代码		
运输项目及金额	货物名称　数量　运费金额 甲材料　1 000 公斤　450	其他项目及金额	杂费 50	备注（手写无效）
运费小计	￥450.00	其他费用小计	￥50.00	
合计（大写）人民币	伍佰元整　（小写）￥500.00			
代开单位及代码	地税局　234509	扣缴税额、税率完税凭证		

注：以现金 500 元支付上述甲材料运费（附件 1 张：运费收据）。

记　账　凭　证

年　　月　　日　　　　　　　　　　　　字　第　号

摘要	总账科目	明细科目	√	借方科目										√	贷方科目									
				千	十	十	万	千	百	十	元	角	分		千	百	十	万	千	百	十	元	角	分
合计																								

财务主管：　　　　记账：　　　　出纳：　　　　审核：　　　　制单：

8.

领　料　单

领料单位：生产车间　　　　2015 年 02 月 08 日　　　　No.12355

领料用途	材料名称	单位	出库数量	实发数量	单价	金额								备注
						十	万	千	百	十	元	角	分	
生产 A 产品	甲材料	kg		500	20		1	0	0	0	0	0	0	
生产 A 产品	乙材料	kg		500	10			5	0	0	0	0	0	

主管部门：　　　　会计主管：张敏　　　　保管员：李丹　　　　领料人：宋强

记　账　凭　证

年　　月　　日　　　　　　　　　　　　字　第　号

摘要	总账科目	明细科目	√	借方科目										√	贷方科目									
				千	十	十	万	千	百	十	元	角	分		千	百	十	万	千	百	十	元	角	分
合计																								

财务主管：　　　　记账：　　　　出纳：　　　　审核：　　　　制单：

第8章 会计模拟实训

企业名称：华美有限责任公司（增值税、一般纳税人）
行业：制造业
地址：×××省×××市红星路18号
企业纳税登记号：123456789
电话：×××××××××
开户行及账号：中国工商银行 89-12
企业注册资金：500万元

8.1 实 训 资 料

1. 2013年1～11月华美公司总分类账户余额（见表8-1）

表8-1 2013年1～11月华美公司总分类账户余额 单位：元

账户名称	借方余额		账户名称	贷方余额	
	期初数	期末数		期初数	期末数
库存现金	1 250	785	短期借款	119 290	83 000
银行存款	150 000	139 900	应付账款	124 000	20 000
应收账款	11 000	26 000	其他应付款	2 820	4 800
其他应收款	2 850	3 000	预收账款	4 990	20 000
在途物资	2 000		应付职工薪酬	7 000	8 000
原材料	22 250	60 000	应交税费	3 000	24 750
周转材料	5 300	10 000	应付股利	3 000	5 000
库存商品	231 000	320 000	应付利息	3 200	3 200
预付账款	300	6 100	实收资本	850 000	850 000
固定资产	814 980	920 000	盈余公积	25 490	25 490
累计折旧	–150 000	–180 000	本年利润		349 545
交易性金融资产	10 660	50 000	利润分配	–38 000	–38 000
合计	1 104 790	1 355 785	合计	1 104 790	1 355 785

2. 华美公司明细账账户余额（见表8-2～表8-9）

表8-2 原 材 料 明 细 账 单位：元

品名	单位	数量	单价	金额
A材料	千克	10 000	2	20 000

续表

品名	单位	数量	单价	金额
B 材料	千克	6 000	22.5	15 000
D 材料	千克	15 000	1	15 000
C 材料	千克	500	20	10 000
合计				60 000

表 8-3 库存商品明细账 单位：元

品名	单位	数量	单价	金额
甲产品	千克	40 000	5	200 000
乙产品	千克	30 000	4	120 000
合计				320 000

表 8-4 应收账款明细账 单位：元

单位名称	余额	单位名称	余额
红旗公司	10 000	洪瑞公司	10 000
红星公司	4 000	合计	26 000
红梅公司	2 000		

表 8-5 应付账款明细账 单位：元

单位名称	余额	单位名称	余额
华银公司	5 000	半山公司	7 000
瑞强公司	8 000	合计	20 000

表 8-6 应交税费明细账

名称	余额	名称	余额
应交增值税	5 000	应交城市维护建设税	500
应交所得税	19 250	合计	24 750

表 8-7 固定资产明细账 单位：元

名称	余额	名称	余额
房屋	700 000	其他	20 000
机器设备	200 000	合计	920 000

表 8-8 累计折旧明细账 单位：元

名称	余额	名称	余额
房屋	120 000	其他	10 000
机器设备	50 000	合计	180 000

表 8-9　　各损益类账户累计发生额　　单位：元

损益类账户	累计发生额	损益类账户	累计发生额
主营业务收入	6 390 850	销售费用	171 000
其他业务收入	130 000	管理费用	860 800
投资收益	100 000	财务费用	172 940
营业外收入	66 000	营业外支出	101 000
主营业务成本	4 808 700	所得税费用	116 515
营业税金及附加	85 850	本年利润	349 545
其他业务成本	20 500		

3. 2013 年 12 月华美公司的经济业务

（1）12 月 1 日，国家投资 200 000 元人民币，存入银行。

（2）12 月 1 日，用银行存款从新星电脑公司购买电脑桌 4 张，每张单价 400 元，计 1 600 元，其价款从银行存款户支付。

（3）12 月 1 日，生产乙产品领用 D 材料 11 000 千克，每千克成本 1.00 元，计 11 000 元。

（4）12 月 1 日，车间生产甲产品领用 A 材料 1 400 千克，每千克成本 2.00 元，计 2 800 元；领用 B 材料 2 000 千克，每千克成本 2.50 元，计 5 000 元。

（5）12 月 2 日，从银行存款户提取现金 2 000 元备用。

（6）12 月 3 日，开出转账支票用银行存款归还华银公司货款 5 000 元。

（7）12 月 3 日，业务员出差，借支差旅费 800 元，从银行存款户支付。

（8）12 月 3 日，从银行借入半年期生产周转借款 120 000 元，存入银行。

（9）12 月 4 日，公司购买办公用品 600 元，以库存现金支付。

（10）12 月 4 日，向华银公司购进 A 材料 2 000 千克，每千克买价 1.98 元，计 3 960 元，增值税额 673.20 元；购进 B 材料 4 000 千克，每千克 2.48 元，计 9 920 元，增值税额 1 686.40 元。代垫运杂费 120 元（运杂费按材料重量比例分摊），全部款项从银行存款户支付，材料已于当日验收入库。

（11）12 月 4 日，生产乙产品领用 A 材料 100 千克，每千克成本 2.00 元，计 200 元；领用 B 材料 150 千克，每千克成本 2.50 元，计 375 元。

（12）12 月 4 日，向半山公司购进 D 材料 4 000 千克，每千克买价 0.99 元，计 3 960 元，增值税额 673.2 元，运杂费 40 元，全部款项从银行存款户支付。

（13）12 月 5 日，D 材料验收入库（4 日付款），按材料的实际采购成本结转。

（14）12 月 5 日，生产甲产品领用 B 材料 600 千克，每千克成本 2.50 元，计 1 500 元；领用 A 材料 500 千克，每千克成本 2.00 元，计 1 000 元。

（15）12 月 6 日，从银行存款户交纳增值税 5 000 元，所得税费用 19 250 元。

（16）12 月 6 日，收回红星公司货款 4 000 元，红梅公司货款 2 000 元，存入银行。

（17）12 月 6 日，收回宏瑞公司货款 10 000 元，存入银行。

（18）12 月 6 日，销售给宏瑞公司乙产品 1 500 千克，每千克售价 6.00 元，计 9 000 元，增值税额 1 530 元。宏瑞公司上月已预先汇来货款 5 000 元，差额款项 5 530 元收到并存入银行。

（19）12月6日，销售给红梅公司甲产品1 500千克，每千克售价8.00元，计12 000元，增值税2 040元，全部款项收到存入银行。

（20）12月6日，从银行存款户归还瑞强公司货款8 000元，半山公司货款7 000元。

（21）12月7日，向瑞强公司购进C材料100千克，每千克买价20元，计2 000元，增值税额340元，款项未付（要求先做账）。

（22）12月7日，业务员刘小刚报销差旅费500元，余款100元交回现金。

（23）12月7日，生产乙产品领用C材料10千克，每千克成本20元，计200元；生产甲产品领用C材料40千克，每千克成本20元，计800元。

（24）12月8日，向红梅公司销售甲产品500千克，每千克售价8.00元，计4 000元，增值税额680元；销售乙产品500千克，每千克售价6.00元，计3 000元，增值税额510元。全部款项未收回。

（25）12月8日，从银行存款结算户支付吉首有线电视台广告费2 000元。

（26）12月8日，向红星公司销售甲产品1 000千克，每千克售价8.00元，计8 000元，增值税额1 360元；销售乙产品1 000千克，每千克售价6.00元，计6 000元，增值税额1 020元。全部款项未收回。

（27）12月9日，向半山公司购进D材料10 000千克，每千克买价0.98元，计9 800元，增值税额1 666元。款项未付（要求先做账）。

（28）12月9日，向华银公司购进A材料5 000千克，每千克买价1.98元，计9 900元，增值税额1 683元；购进B材料5 000千克，每千克买价2.48元，计12 400元，增值税额2 108元。款项未付（要求先做账）。

（29）12月10日，从银行存款户上交城市维护建设税500元。

（30）12月10日，从银行存款户支付9日所购华银公司A材料5 000千克、B材料5 000千克和半山公司D材料10 000千克的运杂费400元，按材料重量比例分摊费用并转账。

（31）12月10日，上述A、B、C、D四种材料均已入库（7日、9日购进），按材料的实际成本转账。

（32）12月11日，生产乙产品领用D材料10 000千克，每千克成本1.00元，计10 000元；领用A材料200千克，每千克成本2.00元，计400元。

（33）12月11日，红星公司还来账款16 380元，存入银行。

（34）12月11日，向半山公司购进D材料10 000千克，每千克买价0.99元，计9 900元，增值税额1 683元，运杂费100元，款项从银行存款户支付，材料验收入库。

（35）12月11日，生产乙产品领用B材料300千克，每千克成本2.50元，计750元；领用D材料10 000千克，每千克成本1.00元，计10 000元。

（36）12月11日，从银行存款户归还华银公司的账款26 091元。

（37）12月12日，向华银公司购进A材料10 000千克，每千克买价1.98元，计19 800元，增值税额3 366元；购进B材料10 000千克，每千克买价2.48元，计24 800元，增值税额4 216元；运杂费共400元（按A、B材料的重量比例分摊），款项未付。

（38）12月12日，生产乙产品共领用C材料16千克，每千克成本20元，计320元。

（39）12月13日，业务员王小平暂借差旅费600元，开支票从银行存款户提现金支付。

款项未付（要求先做账）。

（40）12 月 13 日，生产甲产品领用 B 材料 300 千克，每千克成本 2.50 元，计 750 元；领用 C 材料 80 千克，每千克成本 20 元，计 1 600 元。

（41）12 月 13 日，A、B 材料运到（12 日购进）并如数验收入库，按材料实际采购成本结转。

（42）12 月 14 日，从银行存款户预付明年的报刊费 3 000 元。

（43）12 月 14 日，朱勇等同志报销市内车费和误餐费 250 元，以库存现金支付。

（44）12 月 14 日，生产甲产品领用 A 材料 10 000 千克，每千克成本 2.00 元，计 20 000 元；领用 C 材料 90 千克，每千克成本 20 元，计 1 800 元；领用 B 材料 10 000 千克，每千克成本 2.50 元，计 25 000 元。

（45）12 月 15 日，红梅公司还来账款 8 190 元，存入银行。

（46）12 月 15 日，车间购办公用品 560 元，以银行存款支付。

（47）12 月 15 日，从银行存款户支付当月工资 20 000 元。

（48）12 月 16 日，购进办公设备，买价 40 000 元，增值税额 6 800 元，价税款以银行存款支付，设备已交付使用。

（49）12 月 16 日，甲产品完工 5 150 千克，实际成本为 25 750 元，验收入库；乙产品完工 7 500 千克，实际成本 22 500 元，验收入库。

（50）12 月 16 日，从银行存款户归还瑞强公司账款 2 340 元，半山公司账款 11 466 元。

（51）12 月 17 日，以银行存款支付会议费 500 元。

（52）12 月 17 日，向红梅公司销售甲产品 1 000 千克，每千克售价 8.00 元，计 8 000 元，增值税额 1 360 元；销售乙产品 1 500 千克，每千克售价 6.00 元，计 9 000 元，增值税额 1 530 元。全部款项收到并存入银行。

（53）12 月 18 日，从银行存款户归还华银公司账款 52 582 元。

（54）12 月 18 日，向半山公司购进 D 材料 20 000 千克，每千克买价 0.99 元，计 19 800 元，增值税额 3 366 元，运杂费 200 元，全部款项从银行存款户支付，材料已验收入库。

（55）12 月 18 日，向宏瑞公司销售甲产品 2 500 千克，每千克售价 8.00 元，计 20 000 元，增值税额 3 400 元；销售乙产品 2 500 千克，每千克售价 6.00 元，计 15 000 元，增值税额 2 550 元。全部款项未收回。

（56）12 月 19 日，向华银公司购进 A 材料 8 000 千克，每千克买价 1.98 元，计 15 840 元，增值税额 2 692.80 元；购进 B 材料 2 000 千克，每千克买价 2.48 元，计 4 960 元，增值税额 843.20 元，运杂费共 200 元，材料运到并验收入库。款项未付（运杂费按 A、B 两种材料的重量比例分摊）。

（57）12 月 19 日，生产乙产品领用 D 材料 20 000 千克，每千克成本 1.00 元，计 20 000 元。

（58）12 月 20 日，采购员尚进出差回来报销差旅费 900 元，原借款 800 元，垫支的部分以库存现金付给。

（59）12 月 20 日，向瑞强公司购进 C 材料 400 千克，每千克买价 20 元，计 8 000 元，增值税额 1 360 元。款项从银行存款户支付，材料已验收入库。

（60）12 月 20 日，生产甲产品领用 A 材料 6 000 千克，每千克成本 2.00 元，计 12 000 元；领用 B 材料 2 000 千克，每千克成本 2.50 元，计 5 000 元。

（61）12 月 20 日，生产乙产品领用 A 材料 200 千克，每千克成本 2.00 元，计 400 元；领用 C 材料 16 千克，每千克成本 20 元，计 320 元；领用 B 材料 300 千克，每千克成本 2.50 元，计 750 元。

（62）12 月 21 日，宏瑞公司还来账款 40 950 元，存入银行。

（63）12 月 21 日，销售给红星公司甲产品 2 000 千克，每千克售价 8.00 元，计 16 000 元，增值税额 2 720 元，全部款项收回存入银行。

（64）12 月 22 日，完工乙产品 5 500 千克，实际成本 16 500 元，验收入库；完工甲产品 5 400 千克，实际成本为 27 000 元，验收入库。

（65）12 月 22 日，向红梅公司销售甲产品 1 000 千克，每千克售价 8.00 元，计 8 000 元，增值税额 1 360 元；销售乙产品 3 000 千克，每千克售价 6.00 元，计 18 000 元，增值税额 3 060 元。全部款项未收回。

（66）12 月 23 日，生产甲产品领用 A 材料 5 000 千克，每千克成本 2.00 元，计 10 000 元；领用 B 材料 7 000 千克，每千克成本 2.50 元，计 17 500 元；领用 C 材料 170 千克，每千克成本 20 元，计 3 400 元。

（67）12 月 23 日，车间购买市内乘车月票 1 800 元；厂部管理人员购买市内乘车月票 500 元，从银行存款户支付。

（68）12 月 24 日，从银行存款户支付广播电台广告费 1 000 元。

（69）12 月 24 日，向宏瑞公司销售甲产品 2 000 千克，每千克售价 8.00 元，计 16 000 元，增值税额 2 720 元；销售乙产品 2 000 千克，每千克售价 6.00 元，计 12 000 元，增值税额 2 040 元。收到账款 10 000 元，存入银行，其余款项未收回。

（70）12 月 26 日，红梅公司还来货款 30 420 元，存入银行。

（71）12 月 26 日，从银行存款户支付下年度财产保险费 12 000 元。

（72）12 月 26 日，从银行存款户归还华银公司账款 24 536 元。

（73）12 月 27 日，从银行存款户支付水电费 5 800 元，其中电费 3 000 元，水费 2 800 元。

（74）12 月 27 日，向红星公司销售甲产品 1 500 千克，每千克售价 8.00 元，计 12 000 元，增值税额 2 040 元；销售乙产品 1 500 千克，每千克售价 6.00 元，计 9 000，增值税额 1 530 元。全部款项未收回。

（75）12 月 28 日，向半山公司购进 D 材料 8 000 千克，每千克买价 0.99 元，计 7 920 元，增值税额 1 346.40 元，运杂费 80 元，款项以银行存款支付。

（76）12 月 29 日，销售给红梅公司甲产品 4 500 千克，每千克售价 8.00 元，计 36 000 元，增值税额 6 120 元；销售乙产品 4 150 千克，每千克售价 6.00 元，计 24 900 元，增值税额 4 233 元。全部款项收到并存入银行。

（77）12 月 29 日，向富强公司购进 A 材料 3 000 千克，每千克买价 1.98 元，计 5 940 元，增值税额 1 009.80 元，运杂费 60 元，款项未付，材料已于当日验收入库。

（78）12 月 29 日，从银行存款户归还一年期借款 83 000 元。

（79）12 月 30 日，计提固定资产折旧费 8 000 元，其中：车间 5 800 元，厂部 2 200 元。

（80）12 月 30 日，分配本月职工薪酬费用：车间生产甲产品工人工资 8 000 元；车间生产乙产品工人工资 7 000 元；车间管理人员工资 2 700 元；厂部管理人员、技术人员工资 2 300 元。

（81）12 月 30 日，按各类人员薪酬总额的 14%计提职工福利费。

（82）12 月 30 日，接银行通知，扣本季度借款利息 1 800 元已转账，其中 10 月、11 月已预提借款利息 1 200 元，12 月份利息为 600 元。

（83）12 月 30 日，公司以银行存款支付灾区救济款 8 000 元。

（84）12 月 30 日，公司职工张进才因违章操作，经上级领导研究决定，对其罚款 100 元，财务科已收到张进才交来的现金罚款。

（85）12 月 30 日，公司收到被投资单位分来的利润 65 000 元，款项已收存银行。

（86）12 月 31 日，将车间制造费用按甲产品和乙产品生产工人工资比例分配转账（先编制制造费用分配表，然后转账）。

（87）12 月 31 日，本月甲产品已完工入库 11 200 千克，实际成本 56 000 元；乙产品完工入库 6 100 千克，实际成本 18 300 元。

（88）12 月 31 日，计算已销售产品的生产成本，然后转账（先编制销售产品成本计算表，然后转账）。

（89）12 月 31 日，计算出本月应交城市维护建设税 1 200 元，教育费附加 500 元。

（90）12 月 31 日，将本月主营业务收入、投资收益等收入类账户的发生额转“本年利润”账户。

（91）12 月 31 日，将本月主营业成本、管理费用等支出类账户的发生额转“本年利润”账户。

（92）12 月 31 日，按本月计税所得额的 25%计算所得税费用。

（93）将所得税费用结转“本年利润”账户。

（94）12 月 31 日，编制本年净利润计算表，结转本年净利润（将本年利润转入利润分配——未分配利润专户）。

（95）12 月 31 日，按全年税后利润的 10%计提法定盈余公积（该企业全年一次性分配利润）。

（96）12 月 31 日，按全年税后利润扣除提取法定盈余公积计算向投资者分配股利。

（97）12 月 31 日，编制全年利润分配结算表，结转利润分配各明细账户（将利润分配各明细账户转入利润分配——未分配利润专户）。

8.2　原始凭证资料

1-1

专用拨款单

2013 年 12 月 1 日

首款单位	华美公司
拨款事由	增加投资
拨款金额	（大写）人民币贰拾万元整
拨款单位	青城市工业局

单位负责人：张强　　　　会计：王芳　　　　制单：王丽

1-2

中国工商银行进账单（收款通知）

2013 年 12 月 1 日　　　　第 678 号

出票人	全称	青城市工业局	收款人	全称	华美公司
	账号	87-5		账号	89-12
	开户银行	人民街 银行办事处		开户银行	红星路银行办事处
人民币（大写）贰拾万元整			千 百 十 万 千 百 十 元 角 分 2 0 0 0 0 0 0 0		
票据种类	转账支票		收款人开户行签章		
票据张数	1				
单位主管：　会计：　复核：　记账：					

收款人开户行交给收款人的收账通知

2-1

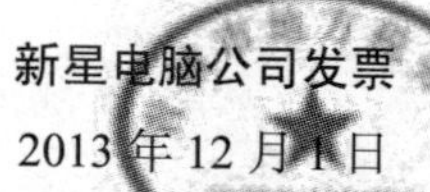

新星电脑公司发票

2013 年 12 月 1 日　　　　第 6543 号

购货单位：华美公司					备注
商品编号	品名　规格	单位　数量	单价	金额	
102	电脑桌 2×1	张　4	400.00	1600.00	
合计金额（大写）人民币壹仟陆佰元整			合计	1600.00	

第三联　购货单位收执

2-2

中国工商银行

转账支票存根

支票号码 9768

附加信息

出票日期：2013 年 12 月 1 日

收款人：新星电脑公司

金　额：￥1600.00

用　途：购电脑桌

单位主管　　　　　会计

3-1

华美公司领料单

领料单位：　　　　2013 年 12 月 1 日　　　　No.6754

材料名称	单位	出库数量	实发数量	单价	金额								备注
					十	万	千	百	十	元	角	分	
D 材料	千克	11000	11000	1		1	1	0	0	0	0	0	
生产批次				用途　用于乙产品生产									
生产项目													

会计：刘俊　　记账：李明　　发料：王娟　　主管：李伟　　领料人：赵可

4-1

华美公司领料单

领料单位：生产部门　　　　2013 年 12 月 1 日　　　　No.6755

材料名称	单位	出库数量	实发数量	单价	金额								备注
					十	万	千	百	十	元	角	分	
B 材料	千克	1400	1400	2.00			2	8	0	0	0	0	
生产批次				用途　用于甲产品生产									
生产项目													

会计：刘俊　　记账：李明　　发料：王娟　　主管：李伟　　领料人：赵可

4-2

华美公司领料单

领料单位：生产部门　　　　2013 年 12 月 1 日　　　　No.6756

材料名称	单位	出库数量	实发数量	单价	金额								备注
					十	万	千	百	十	元	角	分	
B 材料	千克	2000	2000	2.50			5	0	0	0	0	0	
生产批次			用途　用于甲产品生产										
生产项目													

会计：刘俊　　记账：李明　　发料：王娟　　主管：李伟　　领料人：赵可

5-1

中国工商银行
转账支票存根

支票号码 3488
附加信息

出票日期：2013 年 12 月 2 日

收款人：李平
金　额：￥2000.00
用　途：提现备用

单位主管　　会计

6-1

中国工商银行
转账支票存根

支票号码 9331
附加信息

出票日期：2013 年 12 月 3 日

收款人：华银公司
金　额：￥5000.00
用　途：付购货款

单位主管　　会计

7-1

中国工商银行
转账支票存根

支票号码 3489
附加信息

出票日期：2013 年 12 月 3 日

收款人：尚进
金　额：￥800.00
用　途：开会差旅费

单位主管　　　　会计

7-2

华美公司借款单

2013 年 12 月 3 日

姓名	尚进
事由	开会
借款金额（大写）人民币捌佰元整	￥800.00
领导批示	同意借款 张和 核付

8-1

中国工商银行借款凭证（代回单）

2013 年 12 月 3 日　　　　编号 1122

借款单位　华美公司	放款账号　5-11		往来账号　89-12	
借款金额　人民币（大写）　壹拾贰万元整	千 百 十 万 千 百 十 元 角 分 1 2 0 0 0 0 0 0			
种类　半年期生产期转借款	单位提出期限	自 2013 年 12 月 3 日起至 2014 年 6 月 2 日	利率	6%
	单位核定期限	自 2013 年 12 月 3 日起至 2014 年 6 月 2 日		
上列款项已收入往来账户中 中国工商银行红星路支行 转讫 单位（银行签章）	单位会计分录			

第四联　交借单位

9-1

五一文化用品商店销货发票

购销单位：华美公司　　　　2013 年 12 月 4 日

品名	单位	数量	单价	金额	备注
宣传色	瓶	10	3.00	30.00	
水笔	支	5	1.80	9.00	
红纸	张	100	0．61	61.00	
计算器	个	5	100.00	500.00	
合计人民币（大写）陆佰元整				600.00	

现金付讫

第二联 购买单位手执

10-1

中国工商银行

转账支票存根

支票号码 9332

附加信息

出票日期：2013 年 12 月 4 日

收款人：华银公司

金　额：￥16359.60

用　途：付货款和运费

单位主管　　　会计

10-2

内蒙古自治区增值税专用发票

发　票　联

开票日期：2013 年 12 月 4 日　　　　No.78965

购货单位	名称：华美公司 纳税人识别号：222238 地址，电话：红星路 18 号 开户行及账号：中国工商银行红星路银行 89-12

货物或应税劳务名称	单位	数量	单价	金额	税率	税额	
A 材料	千克	2000	1.98	3960	17%	673.20	
B 材料	千克	4000	2.48	9920		1686.40	
合计							

价税合计（大写）壹万陆仟贰佰叁拾玖元陆角整　（小写）16239.60

销货单位	名称：华银公司 纳税人识别号：5135788 地址，电话：青城市人民路 25 号 开户行及账号：81-98	备注

收款人：尹静　　复核：赵艳　　开票人：罗生　　销货单位（章）

第二联　发票联　购货方记账凭证

10-3

运费结算证

承运单位：顺达运业　　2013 年 12 月 4 日

托运单位：华美公司	
运费单位：（大写）人民币壹佰贰拾元整	¥120.00
货物：材料 30 件	
验收：按单验收无误　　验收人签章：谢红香	
财会 分配到材料采购中的 A 材料 40 元，B 材料 80 元	

10-4

华美公司收料单

材料类别：原材料　　验收日期：2013 年 12 月 4 日　　第 6754 号

发票号码	材料名称	规格	计量单位	购进			验收		
				数量	单价	金额	数量	单价	金额
	A 材料		千克	2000	1.98	3960.00	2000	2.00	4000.00
购货单位	华银公司		运杂费　40.00			采购员姓名		周锦	
备注		合计　4000.00				附单据			

供销科长：赵卫　　仓库会计：刘俊　　保管员：王娟　　复核：李明　　制单：王娟

10-5

华美公司收料单

材料类别：原材料　　验收日期：2013 年 12 月 5 日　　第 6755 号

发票号码	材料名称	规格	计量单位	购进			验收		
				数量	单价	金额	数量	单价	金额
	B 材料		千克	4000	2.48	9920.00	4000	2.50	10000.00
购货单位	华银公司		运杂费			80.00 采购员姓名		周锦	
备注		合计　10000.00				附单据			

供销科长：赵卫　　仓库会计：刘俊　　保管员：王娟　　复核：李明　　制单：王娟

11-1

华美公司领料单

领料单位：　　2013 年 12 月 4 日　　No.675

材料名称	单位	出库数量	实发数量	单价	金额								备注
					十	万	千	百	十	元	角	分	
A 材料	千克	100	100	2.00				2	0	0	0	0	
生产批次				用途　用于乙产品生产									
生产项目													

会计：刘俊　　记账：李明　　发料：王娟　　主管：李伟　　领料人：赵可

11-2

华美公司领料单

领料单位：　　2013 年 12 月 4 日　　No.676

材料名称	单位	出库数量	实发数量	单价	金额								备注
					十	万	千	百	十	元	角	分	
B 材料	千克	150	150	2.50				3	7	5	0	0	
生产批次				用途　用于乙产品生产									
生产项目													

会计：刘俊　　记账：李明　　发料：王娟　　主管：李伟　　领料人：赵可

12-1

中国工商银行

转账支票存根

支票号码 9333

附加信息

出票日期：2013 年 12 月 4 日

收款人：半山公司

金　额：￥4673.20

用　途：付货款和运杂费

单位主管　　会计

12-2

内蒙古自治区增值税专用发票

发票联

开票日期：2013 年 12 月 4 日　　No.78890

购货单位	名称：华美公司 纳税人识别号：222238 地址，电话：红星路 18 号 开户行及账号：中国工商银行红旗路 80-12						
货物或应税劳务名称	单位	数量	单价	金额	税率	税额	
D 材料	千克	4000	0.99	3960.00	17%	673.20	
合计						673.20	
价税合计（大写）肆仟陆佰叁拾叁元贰角整				（小写）4633.20			
销货单位	名称：半山公司 纳税人识别号：135778 地址，电话：青城市人民路 38 号 开户行及账号：0175			备注			
收款人：李铁	复核：王军		开票人：赵梅		销货单位（章）		

第二联 发票联 购货方记账凭证

12-3

运费结算证

承运单位：顺达运业　　2013 年 12 月 4 日

托运单位：华美公司
运费金额：（大写）人民币肆拾元整　　40
货物：材料 10 件
验收：按单验收无误
财会

13-1

华美公司收料单

材料类别：原材料　　验收日期：2013 年 12 月 5 日　　第 6756 号

发票号码	材料名称	规格	计量单位	购进			验收		
				数量	单收	金额	数量	单价	金额
	D 材料		千克		1000	10 元	10000 元	300	10300
购货单位	华银公司		运杂费　40.00			采购员姓名		谢红香	
备注		合计　4000.00				附单据			

供销科长：赵卫　　仓库会计：刘俊　　保管员：王娟　　复核：李明　　制单：王娟

14-1

华美公司领料单

领料单位：　　2013 年 12 月 5 日　　No.677

材料名称	单位	出库数量	实发数量	单价	金额								备注
					十	万	千	百	十	元	角	分	
B 材料	千克	600	600	2.50			1	5	0	0	0	0	
生产批次				用途　用于甲产品生产									
生产项目													

会计：刘俊　　记账：李明　　发料：王娟　　主管：李伟　　领料人：赵可

14-2

华美公司领料单

领料单位：　　2013 年 12 月 5 日　　No.678

材料名称	单位	出库数量	实发数量	单价	金额								备注
					十	万	千	百	十	元	角	分	
A 材料	千克	500	500	2.00			1	0	0	0	0	0	
生产批次				用途　用于甲产品生产									
生产项目													

会计：刘俊　　记账：李明　　发料：王娟　　主管：李伟　　领料人：赵可

15-1

中国工商银行

转账支票存根

支票号码 9333

附加信息

出票日期：2013 年 12 月 6 日

收款人：税务局

金　额：￥5000

用　途：缴纳增值税

单位主管　　会计

15-2

中国工商银行

转账支票存根

支票号码 9333

附加信息

出票日期：2013 年 12 月 6 日

收款人：税务局

金　额：￥19250

用　途：缴纳所得税

单位主管　　会计

16-1

中国工商银行进账单（收账通知）

委托日期：2013 年 12 月 6 日　　第 5643 号

付款人	全称	红星公司	收款人	全称	华美公司
	账号	61-5		账号	244-778
	开户行	建设银行		开户行	工商银行

人民币（大写）	肆仟元整	百	十	万	千	百	十	元	角	分
				￥	4	0	0	0	0	0

票据种类		转支		收款人开户行盖章
票据张数	1	凭证张数		中国工商银行红星路支行 转讫章
主管	会计	复核	记账	

16-2

中国工商银行进账单（收账通知）

委托日期：2013 年 12 月 6 日　　第 1324 号

<table>
<tr><td rowspan="3">付款人</td><td>全称</td><td>红梅公司</td><td rowspan="3">收款人</td><td colspan="4">全称</td><td colspan="5">华美有限公司</td></tr>
<tr><td>账号</td><td>67-4</td><td colspan="4">账号</td><td colspan="5">244-778</td></tr>
<tr><td>开户行</td><td>建设银行</td><td colspan="4">开户行</td><td colspan="5">工商银行</td></tr>
<tr><td colspan="3" rowspan="2">人民币（大写） 贰仟元整</td><td>百</td><td>十</td><td>万</td><td>千</td><td>百</td><td>十</td><td>元</td><td>角</td><td>分</td></tr>
<tr><td></td><td></td><td>¥</td><td>2</td><td>0</td><td>0</td><td>0</td><td>0</td><td>0</td></tr>
<tr><td colspan="2">票据种类</td><td>转支</td><td colspan="9" rowspan="3">收款人开户行盖章
中国工商银行 红星路支行 转讫章</td></tr>
<tr><td>票据张数</td><td>1</td><td>凭证张数</td></tr>
<tr><td colspan="3">主管　会计　复核　记账</td></tr>
</table>

17-1

中国工商银行进账单（收账通知）

委托日期：2013 年 12 月 6 日　　第 3351 号

<table>
<tr><td rowspan="3">付款人</td><td>全称</td><td>宏瑞公司</td><td rowspan="3">收款人</td><td colspan="4">全称</td><td colspan="5">华美有限公司</td></tr>
<tr><td>账号</td><td>61-9</td><td colspan="4">账号</td><td colspan="5">244-778</td></tr>
<tr><td>开户行</td><td>建设银行</td><td colspan="4">开户行</td><td colspan="5">工商银行</td></tr>
<tr><td colspan="3" rowspan="2">人民币（大写） 壹万元整</td><td>百</td><td>十</td><td>万</td><td>千</td><td>百</td><td>十</td><td>元</td><td>角</td><td>分</td></tr>
<tr><td></td><td>¥</td><td>1</td><td>0</td><td>0</td><td>0</td><td>0</td><td>0</td><td>0</td></tr>
<tr><td colspan="2">票据种类</td><td>转支</td><td colspan="9" rowspan="3">收款人开户行盖章
中国工商银行 红星路支行 转讫章</td></tr>
<tr><td>票据张数</td><td>1</td><td>凭证张数</td></tr>
<tr><td colspan="3">主管　会计　复核　记账</td></tr>
</table>

18-1

内蒙古自治区增值税专用发票

发票联

开票日期：2013 年 12 月 6 日　　No.78124

<table>
<tr><td>购货单位</td><td colspan="7">名称：宏瑞公司
纳税人识别号：6785430
地址，电话：文艺路办事处 18 号
开户行及账号：中国工商银行文艺路 61-9</td></tr>
<tr><td colspan="2">货物或应税劳务名称</td><td>单位</td><td>数量</td><td>单价</td><td>金额</td><td>税率</td><td>税额</td></tr>
<tr><td colspan="2">乙产品</td><td>千克</td><td>1500</td><td>6.00</td><td>9000.00</td><td>17%</td><td>1530.00</td></tr>
<tr><td colspan="2">合计</td><td></td><td></td><td>1530.00</td><td></td><td></td><td></td></tr>
<tr><td colspan="8">价税合计（大写）壹万零伍佰叁拾元整　　（小写）10530.00</td></tr>
<tr><td>销货单位</td><td colspan="4">名称：华美公司
纳税人识别号：222238
地址，电话：红星路 18 号
开户行及账号：89-12</td><td colspan="3">备注
青城华美公司 财务专用章</td></tr>
<tr><td colspan="8">收款人：李佳明　　复核：孙亚　　开票人：周明　　销货单位（章）</td></tr>
</table>

第二联 发票联 购货方记账凭证

18-2

中工商银行进账单（收账通知）

委托日期：2013 年 12 月 6 日　　第 3351 号

付款人	全称	宏瑞公司	收款人	全称	华美有限公司
	账号	61-9		账号	244-778
	开户行	建设银行		开户行	工商银行

人民币（大写）	百	十	万	千	百	十	元	角	分
伍仟伍佰元整			￥	5	5	0	0	0	0

票据种类	转支	收款人开户行盖章
票据张数 1	凭证张数	中国工商银行 红星路支行 转讫章
主管　会计　复核　记账		

19-1

内蒙古自治区增值税专用发票

发票联

开票日期：2013 年 12 月 6 日　　No.78546

购货单位	名称：红梅公司 纳税人识别号：6777791 地址，电话：红星路 18 号 开户行及账号：中国工商银行红旗路 67-4						
货物或应税劳务名称	单位	数量	单价	金额	税率	税额	
甲产品	千克	1500	8.00	12000.00	17%	20400.00	
合计			2040.00				
价税合计（大写）壹万肆仟零肆拾元			（小写）14040.00				
销货单位	名称：华美公司 纳税人识别号：222238 地址，电话：青城市红星路 18 号 开户行及账号：89-12		备注	青城华美公司 财务专用章			
收款人：李佳明	复核：孙亚		开票人：周明		销货单位（章）		

第二联 发票联 购货方记账凭证

19-2

中国工商银行进账单（收账通知）

委托日期：2013 年 12 月 6 日　　　　第 5454 号

付款人	全称	红梅公司	收款人	全称	华美有限公司
	账号	61-4		账号	244-778
	开户行	建设银行		开户行	工商银行

人民币（大写）	百	十	万	千	百	十	元	角	分
壹万肆仟零肆拾元整		¥	1	4	0	4	0	0	0

票据种类	转支			收款人开户行盖章
票据张数	1	凭证张数		中国工商银行 红星路支行 转讫章
主管　会计	复核	记账		

20-1

中国工商银行

转账支票存根

支票号码 3238

附加信息

出票日期：2013 年 12 月 6 日

收款人：瑞强公司

金　额：¥8000.00

用　途：归还贷款

单位主管　　　　会计

20-2

中国工商银行

转账支票存根

支票号码 3238

附加信息

出票日期：2013 年 12 月 6 日

收款人：半山公司

金　额：¥7000.00

用　途：归还贷款

单位主管　　　　会计

21-1

内蒙古自治区增值税专用发票

发票联

开票日期：2013 年 12 月 7 日　　　　No.78433

购货单位	名称：华美公司 纳税人识别号：222238 地址，电话：红星路 18 号 开户行及账号：中国工商银行红旗路 80-12						
货物或应税劳务名称		单位	数量	单价	金额	税率	税额
C 材料		千克	100	20.00	2000.00	17%	340.00
合计							340.00
价税合计（大写）贰仟叁佰肆拾元整				（小写）2340.00			
销货单位	名称：瑞强公司 纳税人识别号：713768 地址，电话：青城市沿江路 12 号 开户行及账号：115-6			备注			
收款人：孔明		复核：李想		开票人：尹杰		销货单位（章）	

第二联 发票联 购货方记账凭证

22-1

华美公司差旅费报销单

姓名：尚进　　　　2013 年 12 月 7 日

起止日期	汽车票	途中补助	住宿费	往勤补助	杂费	合计	单据
12 月 1 日	173	36				209	3
12 月 2-6 日			100	36	28	164	10
12 月 7 日	101	36				137	3
合计	174	72	100	36	28	510	16

领导批示：请核报　张永和　12 月 7 日

22-2

华美公司现金收据

2013 年 12 月 7 日

今收差旅费多余款 金额（大写）　人民币壹万元整 单位盖章 经手人：李佳民	备注：刘小刚原借款 600 元冲减

23-1

华美公司领料单

领料单位：　　2013 年 12 月 5 日　　No.679

材料名称	单位	出库数量	实发数量	单价	金额								备注
					十	万	千	百	十	元	角	分	
C 材料	千克	10	10	20.00				2	0	0	0	0	
生产批次				用途　用于乙产品生产									
生产项目													

会计：刘俊　记账：李明　发料：王娟　主管：李伟　领料人：赵可

23-2

华美公司领料单

领料单位：　　2013 年 12 月 7 日　　No.680

材料名称	单位	出库数量	实发数量	单价	金额								备注
					十	万	千	百	十	元	角	分	
C 材料	千克	40	40	20.00				8	0	0	0	0	
生产批次				用途　用于甲产品生产									
生产项目													

会计：刘俊　记账：李明　发料：王娟　主管：李伟　领料人：赵可

24-1

内蒙古自治区增值税专用发票

发票联

开票日期：2013 年 12 月 8 日　　No.78788

购货单位	名称：红梅公司 纳税人识别号：6777791 地址，电话：红星路 18 号 开户行及账号：中国工商银行红旗路 67-4						
货物或应税劳务名称	单位	数量	单价	金额	税率	税额	
甲产品	千克	500	8.00	4000.00	17%	680.00	
乙产品	千克	500	6.00	3000.00		510.00	
合计							
价税合计（大写）捌仟柒佰玖拾元整			（小写）8790.00				
销货单位	名称：华美公司 纳税人识别号：222238 地址，电话：青城市红星路 18 号 开户行及账号：89-12		备注				

收款人：李佳明　复核：孙亚　开票人：周明　销货单位（章）

第二联 发票联 购货方记账凭证

青城华美公司 财务专用章

25-1

中国工商银行

转账支票存根

支票号码 9336

附加信息

出票日期：2013 年 12 月 8 日

收款人：吉首有线电视广告科

金　额：￥2000.00

用　途：广告费

单位主管　　　　会计

25-2

青城市有线电视收据

今收到：华美公司
金额（大写）人民币贰仟元整　　（小写）2000.00
系付　广告费
收款人：王武

26-1

内蒙古自治区增值税专用发票

发票联

开票日期：2013 年 12 月 8 日　　No.78655

购货单位	名称：红星公司 纳税人识别号：6786912 地址，电话：红星路 18 号 开户行及账号：中国工商银行红旗路 61-5						
货物或应税劳务名称		单位	数量	单价	金额	税率	税额
甲产品		千克	1000	8.00	8000.00	17%	1360.00
乙产品		千克	1000	6.00	6000.00		1020.00
合计							
价税合计（大写）壹万陆仟叁佰捌拾元整　（小写）16380.00							
销货单位	名称：华美公司 纳税人识别号：222238 地址，电话：青城市红星路 18 号 开户行及账号：89-12	备注					
收款人：李佳明	复核：孙亚	开票人：周明	销货单位（章）				

第二联　发票联　购货方记账凭证

27-1

内蒙古自治区增值税专用发票

发票联

开票日期：2013 年 12 月 9 日　　No.78521

<table>
<tr><td rowspan="4">购货单位</td><td colspan="7">名称：华美公司</td></tr>
<tr><td colspan="7">纳税人识别号：222238</td></tr>
<tr><td colspan="7">地址，电话：红星路 18 号</td></tr>
<tr><td colspan="7">开户行及账号：中国工商银行红旗路 80-12</td></tr>
<tr><td>货物或应税劳务名称</td><td>单位</td><td>数量</td><td>单价</td><td>金额</td><td>税率</td><td>税额</td><td></td></tr>
<tr><td>D 材料</td><td>千克</td><td>10000</td><td>0.98</td><td>9800.00</td><td>17%</td><td>1666.00</td><td></td></tr>
<tr><td>合计</td><td></td><td></td><td></td><td></td><td></td><td>1666.00</td><td></td></tr>
<tr><td colspan="8">价税合计（大写）壹万壹仟肆佰陆拾陆元整　　（小写）11466.00</td></tr>
<tr><td rowspan="4">销货单位</td><td colspan="3">名称：半山公司</td><td colspan="4" rowspan="4">备注</td></tr>
<tr><td colspan="3">纳税人识别号：6135778</td></tr>
<tr><td colspan="3">地址，电话：青城市人民路 38 号</td></tr>
<tr><td colspan="3">开户行及账号：0175</td></tr>
<tr><td colspan="8">收款人：孔明　　复核：李想　　开票人：尹杰　　销货单位（章）</td></tr>
</table>

第二联　发票联　购货方记账凭证

28-1

内蒙古自治区增值税专用发票

发票联

开票日期：2013 年 12 月 4 日　　No.78222

<table>
<tr><td rowspan="4">购货单位</td><td colspan="7">名称：华美公司</td></tr>
<tr><td colspan="7">纳税人识别号：222238</td></tr>
<tr><td colspan="7">地址，电话：红星路 18 号</td></tr>
<tr><td colspan="7">开户行及账号：中国工商银行红旗路银行 89-12</td></tr>
<tr><td>货物或应税劳务名称</td><td>单位</td><td>数量</td><td>单价</td><td>金额</td><td>税率</td><td>税额</td><td></td></tr>
<tr><td>A 材料</td><td>千克</td><td>5000</td><td>1.98</td><td>9900</td><td>17%</td><td>1683.00</td><td></td></tr>
<tr><td>B 材料</td><td>千克</td><td>5000</td><td>2.48</td><td>12400</td><td></td><td>2108.00</td><td></td></tr>
<tr><td>合计</td><td></td><td></td><td></td><td></td><td></td><td></td><td></td></tr>
<tr><td colspan="8">价税合计（大写）贰万陆仟零玖拾壹元整　（小写）　26091.00</td></tr>
<tr><td rowspan="4">销货单位</td><td colspan="5">名称：华银公司</td><td colspan="2" rowspan="4">备注</td></tr>
<tr><td colspan="5">纳税人识别号：5135788</td></tr>
<tr><td colspan="5">地址，电话：内蒙古青城市人民路 25 号</td></tr>
<tr><td colspan="5">开户行及账号：81-98</td></tr>
<tr><td colspan="8">收款人：尹静　　复核：赵艳　　开票人：罗生　　销货单位（章）</td></tr>
</table>

第二联　发票联　购货方记账凭证

29-1

中国工商银行

转账支票存根

支票号码 9333

附加信息

出票日期：2013 年 12 月 10 日

收款人：税务局

金　额：￥500

用　途：缴纳城市维护建设税

单位主管　　　　会计

30-1

中国工商银行

转账支票存根

支票号码 9337

附加信息

出票日期：2013 年 12 月 10 日

收款人：通达货运公司

金　额：￥400.00

用　途：运费

单位主管　　　　会计

30-2

运 费 结 算 证

承运单位：顺达运业　　　　2013 年 [illegible] 月 10 日

托运单位：华美公司	
运费金额：（大写）人民币肆佰元整	400
货物：材料 90 件	
验收：按单验收无误	
财会 分配到材料采购的 A 材料 100 元，B 材料 100 元，D 材料 200 元	

31-1

华美公司收料单

材料类别：原材料　　验收日期：2013 年 12 月 10 日　　第 6748 号

发票号码	材料名称	规格	计量单位	购进			验收		
				数量	单价	金额	数量	单价	金额
	A 材料		千克	5000	1.98	9900.00	5000	2.00	10000.00
购货单位	华银公司　运杂费 100.00					采购员姓名		张力	
备注		合计 10000.00				附单据			

供销科长：赵卫　　仓库会计：刘俊　　保管员：王娟　　复核：李明　　制单：王娟

31-2

华美公司收料单

材料类别：原材料　　验收日期：2013 年 12 月 10 日　　第 6749 号

发票号码	材料名称	规格	计量单位	购进			验收		
				数量	单价	金额	数量	单价	金额
	B 材料		千克	5000	2.48	12400.00	5000	2.50	12500.00
购货单位	华银公司　运杂费 100.00					采购员姓名		张力	
备注		合计 12500.00				附单据			

供销科长：赵卫　　仓库会计：刘俊　　保管员：王娟　　复核：李明　　制单：王娟

31-3

华美公司收料单

材料类别：原材料　　验收日期：2013 年 12 月 10 日　　第 6790 号

发票号码	材料名称	规格	计量单位	购进			验收		
				数量	单价	金额	数量	单价	金额
	D 材料		千克	10000	0.98	9800.00	10000	1.00	10000.00
购货单位	华银公司　运杂费　200.00					采购员姓名		张力	
备注		合计 10000.00				附单据			

供销科长：赵卫　　仓库会计：刘俊　　保管员：王娟　　复核：李明　　制单：王娟

31-4

华美公司收料单

材料类别：原材料　　验收日期：2013 年 12 月 10 日　　第 6791 号

发票号码	材料名称	规格	计量单位	购进			验收		
				数量	单价	金额	数量	单价	金额
	C 材料		千克	100	20.00	2000.00	100	20.00	2000.00
购货单位	华银公司　运杂费					采购员姓名		张力	
备注		合计 2000.00				附单据			

供销科长：赵卫　　仓库会计：刘俊　　保管员：王娟　　复核：李明　　制单：王娟

32-1

华美公司领料单

领料单位：　　　　　　2013 年 12 月 11 日　　　　　　No.6798

材料名称	单位	出库数量	实发数量	单价	金额								备注
					十	万	千	百	十	元	角	分	
D 材料	千克	10000	10000	1.00		1	0	0	0	0	0	0	
生产批次				用途　用于乙产品生产									
生产项目													

会计：刘俊　　记账：李明　　发料：王娟　　主管：李伟　　领料人：赵可

32-2

华美公司领料单

领料单位：　　　　　　2013 年 12 月 11 日　　　　　　No.853

材料名称	单位	出库数量	实发数量	单价	金额								备注
					十	万	千	百	十	元	角	分	
A 材料	千克	200	200	2.00				4	0	0	0	0	
生产批次				用途　用于乙产品生产									
生产项目													

会计：刘俊　　记账：李明　　发料：王娟　　主管：李伟　　领料人：赵可

33-1

中国工商银行进账单（收账通知）

委托日期：2013 年 12 月 11 日　　　　　　第 6574 号

付款人	全称	红星公司	收款人	全称	华美有限公司
	账号	61-5		账号	244-778
	开户行	建设银行		开户行	工商银行

人民币（大写）	百	十	万	千	百	十	元	角	分
壹万陆仟叁佰捌拾元整		¥	1	6	3	8	0	0	0

票据种类		转支		收款人开户行盖章
票据张数	1	凭证张数		
主管	会计	复核	记账	

中国工商银行 红星路支行 转讫章

34-1

内蒙古自治区增值税专用发票

发票联

开票日期：2013 年 12 月 11 日　　No.78555

购货单位	名称：华美公司 纳税人识别号：222238 地址，电话：红星路 18 号 开户行及账号：中国工商银行红旗路 80-12						
货物或应税劳务名称	单位	数量	单价	金额	税率	税额	
D 材料	千克	10000	0.99	9900.00	17%	1683.00	
合计						1683.00	
价税合计（大写）壹万壹仟伍佰捌拾叁元整　（小写）11583.00							
销货单位	名称：半山公司 纳税人识别号：6135778 地址，电话：青城市人民路 38 号 开户行及账号：0175	备注					
收款人：李铁	复核：王军	开票人：赵梅	销货单位（章）				

第二联 发票联 购货方记账凭证

34-2

运费结算证

承运单位：永久货运公司　　2013 年 12 月 11 日

托运单位：华美公司

运费金额：（大写）人民币壹佰元整　　100

货物：材料 100 件

验收：按单验收无误　　验收人签章：刘静

财会

34-3

中国工商银行

转账支票存根

支票号码 9338

附加信息

出票日期：2013 年 12 月 11 日

收款人：半山公司

金　额：￥11683.00

用　途：购货款

单位主管　　会计

34-4

华美公司收料单

材料类别：原材料　　验收日期：2013 年 12 月 19 日　　第 6786 号

发票号码	材料名称	规格	计量单位	购进			验收		
				数量	单价	金额	数量	单价	金额
	D 材料		千克	10000	0.99	9900.00	10000	1.00	10000.00
购货单位	华银公司　运杂费 100.00					采购员姓名		吴銘	
备注		合计 10000.00				附单据			

供销科长：赵卫　　仓库会计：刘俊　　保管员：王娟　　复核：李明　　制单：王娟

35-1

华美公司领料单

领料单位：　　2013 年 12 月 11 日　　No.6801

材料名称	单位	出库数量	实发数量	单价	金额								备注
					十	万	千	百	十	元	角	分	
B 材料	千克	300	300	2.50				7	5	0	0	0	
生产批次			用途　用于乙产品生产										
生产项目													

会计：刘俊　　记账：李明　　发料：王娟　　主管：李伟　　领料人：赵可

35-2

华美公司领料单

领料单位：　　2013 年 12 月 11 日　　No.6802

材料名称	单位	出库数量	实发数量	单价	金额								备注
					十	万	千	百	十	元	角	分	
D 材料	千克	10000	10000	1.00		1	0	0	0	0	0	0	
生产批次			用途　用于乙产品生产										
生产项目													

会计：刘俊　　记账：李明　　发料：王娟　　主管：李伟　　领料人：赵可

36-1

中国工商银行

转账支票存根

支票号码 9339

附加信息

出票日期：2013 年 12 月 11 日

收款人：华银公司

金　额：¥26091.00

用　途：归还购货款

单位主管　　　　会计

37-1

内蒙古自治区增值税专用发票

发票联

开票日期：2013 年 12 月 12 日　　No.78572

购货单位	名称：华美公司 纳税人识别号：222238 地址，电话：红星路 18 号 开户行及账号：中国工商银行红旗路银行 89-12					
货物或应税劳务名称	单位	数量	单价	金额	税率	税额
A 材料	千克	10000	1.98	19800	17%	2266.00
B 材料	千克	10000	2.48	24800		4216.00
合计				44600		7582
价税合计（大写）伍万贰仟壹佰捌拾贰元整　（小写）52182.00						
销货单位	名称：华银公司 纳税人识别号：5135788 地址，电话：内蒙古青城市人民路 25 号 开户行及账号：81-98			备注 		

收款人：尹静　　复核：赵艳　　开票人：罗生　　销货单位（章）

第二联　发票联　购货方记账凭证

37-2

运费结算证

承运单位：申通货运公司　　　　2013 年 12 月 12 日

托运单位：华美公司	
运费金额：（大写）人民币肆佰元整	400
货物：材料 100 件	
验收：按单验收无误	验收人签章：赵梅
财会	

38-1

华美公司领料单

领料单位：　　　　2013 年 12 月 12 日　　　　No.6804

材料名称	单位	出库数量	实发数量	单价	金额								备注
					十	万	千	百	十	元	角	分	
C 材料	千克	16	16	20.00				3	2	0	0	0	
生产批次			用途　用于甲产品生产										
生产项目													

会计：刘俊　　记账：李明　　发料：王娟　　主管：李伟　　领料人：赵可

39-1

华美公司借款单

2013 年 12 月 13 日

姓名	王小平
事由	借差旅费
借款金额（大写）人民币陆佰元整	￥600.00
领导批示　同意借款 张永和	核付

39-2

中国工商银行
转账支票存根
支票号码 0013490
附加信息

出票日期：2013 年 12 月 13 日

收款人：王小平
金　额：¥600.00
用　途：付暂借差旅费

单位主管　　　　会计

40-1

华美公司领料单

领料单位：　　　2013 年 12 月 13 日　　　No.6805

材料名称	单位	出库数量	实发数量	单价	金额								备注
					十	万	千	百	十	元	角	分	
B 材料	千克	300	300	2.50				7	5	0	0	0	
生产批次				用途	用于甲产品生产								
生产项目													

会计：刘俊　　记账：李明　　发料：王娟　　主管：李伟　　领料人：赵可

40-2

华美公司领料单

领料单位：　　　2013 年 12 月 13 日　　　No.6806

材料名称	单位	出库数量	实发数量	单价	金额								备注
					十	万	千	百	十	元	角	分	
C 材料	千克	80	80	20.00			1	6	0	0	0	0	
生产批次				用途	用于甲产品生产								
生产项目													

会计：刘俊　　记账：李明　　发料：王娟　　主管：李伟　　领料人：赵可

41-1

华美公司收料单

材料类别：原材料　　验收日期：2013 年 12 月 13 日　　第 6793 号

发票号码	材料名称	规格	计量单位	购进			验收		
				数量	单价	金额	数量	单价	金额
	B 材料		千克	10000	1.48	14800.00	10000	2.00	20000.00
购货单位	华银公司		运杂费 200.00				采购员姓名		刘明
备注	合计 20000.00						附单据		

供销科长：赵卫　　仓库会计：刘俊　　保管员：王娟　　复核：李明　　制单：王娟

41-2

华美公司收料单

材料类别：原材料　　验收日期：2013 年 12 月 13 日　　第 6794 号

发票号码	材料名称	规格	计量单位	购进			验收		
				数量	单价	金额	数量	单价	金额
	B 材料		千克	10000	2.48	24800.00	10000	2.50	25000.00
购货单位	华银公司		运杂费 200.00				采购员姓名		刘明
备注	合计 25000.00						附单据		

供销科长：赵卫　　仓库会计：刘俊　　保管员：王娟　　复核：李明　　制单：王娟

42-1

中国工商银行

转账支票存根

支票号码 3491

附加信息

出票日期：2013 年 12 月 14 日

收款人：团结路邮局

金　额：¥3000.00

用　途：预订报刊费

单位主管　　会计

43-1

华美公司室内差旅费报销单

部门：生产科　　2013 年 12 月 14 日　　编号：443

姓名：朱勇等 5 人	出差事由		现金付讫
地点及说明	车费　船费	误餐费	备注
室内车费及误餐费	50.00	200.00	
合计人民币（大写）贰佰伍拾元整		250.00	

核准：胡艳　证明：单小东　出差人：朱勇　武进　周丽　阮文　田恬

44-1

华美公司领料单

领料单位：　　2013 年 12 月 14 日　　No.687

材料名称	单位	出库数量	实发数量	单价	金额								备注
					十	万	千	百	十	元	角	分	
A 材料	千克	10000	10000	20.00		2	0	0	0	0	0	0	
生产批次		用途　用于甲产品生产											
生产项目													

会计：刘俊　记账：李明　发料：王娟　主管：李伟　领料人：赵可

44-2

华美公司领料单

领料单位：　　2013 年 12 月 14 日　　No.688

材料名称	单位	出库数量	实发数量	单价	金额								备注
					十	万	千	百	十	元	角	分	
C 材料	千克	90	90	20.00			1	8	0	0	0	0	
生产批次		用途　用于甲产品生产											
生产项目													

会计：刘俊　记账：李明　发料：王娟　主管：李伟　领料人：赵可

44-3

华美公司领料单

领料单位：　　　　2013 年 12 月 5 日　　　　No.689

材料名称	单位	出库数量	实发数量	单价	金额								备注
					十	万	千	百	十	元	角	分	
B 材料	千克	10000	10000	2.50		2	5	0	0	0	0	0	
生产批次		用途	用于甲产品生产										
生产项目													

会计：刘俊　　记账：李明　　发料：王娟　　主管：李伟　　领料人：赵可

45-1

中国工商银行进账单（收账通知）

委托日期：2013 年 12 月 15 日　　　　第 6534 号

付款人	全称	红梅公司	收款人	全称	华美有限公司				
	账号	61-4		账号	244-778				
	开户行	建设银行		开户行	工商银行				
人民币（大写）	捌仟壹佰玖拾元整		百	十	万	千	百	十	元	角	分
					¥	8	1	9	0	0	0
票据种类	转支		收款人开户行盖章 中国工商银行红星路支行 转讫章						
票据张数	1	凭证张数							
主管	会计	复核	记账						

46-1

五一文化用品商场销货发票

购货单位：华美公司　　　　2013 年 12 月 15 日　　　　第 6758 号

品名	规格	单位	数量	单价	金额	备注
包装纸		张	150	2.00	300.00	车间购买
绘图笔		支	50	2.50	125.00	
其他					35.00	
合计人民币（大写）伍佰陆拾元整					560.00	

第二联　购买单位收执

46-2

中国工商银行

转账支票存根

支票号码 8859

附加信息

出票日期：2013 年 12 月 15 日

收款人：五一文化商品商场

金　额：￥560.00

用　途：购办公用品

单位主管　　会计

47-1

工资支付专用凭证

2013 年 12 月 15 日　　No.95

收款单位名称	华美公司	开户银行：红旗路银行办事处
支付金额	人民币（大写）贰万元整	十 万 千 百 十 元 角 分 2 0 0 0 0 0 0
工资所属月份 12，本次职工人数 23 人 1．标准工资（基本工资）18000 元 2．补贴 3． 4．		备注

第三联　单位留底

47-2

华美公司工资结算明细表

2013 年 12 月 15 日

姓名	标准工资	补贴	实发数	签名
刘明	1120	100	1220	刘明
尚进	1240	100	1340	尚进
张进才	1000	100	1100	张进才
合计	18000.00	2000	20000.00	

部门负责人：钟训　　制表人：陈洁

48-1

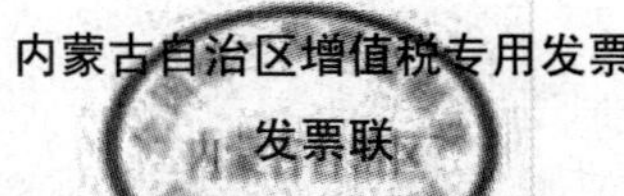

内蒙古自治区增值税专用发票

发票联

开票日期：2013 年 12 月 16 日　　No.78775

购货单位	名称：华美公司 纳税人识别号：222238 地址，电话：红星路 18 号 开户行及账号：中国工商银行红旗路银行 89-12

货物或应税劳务名称	单位	数量	单价	金额	税率	税额
机器设备	台	1	40000	40000	17%	6800
合计				40000		6800

价税合计（大写）肆万陆仟捌佰元整　（小写）46800

销货单位	名称：宏瑞公司 纳税人识别号：6785430 地址，电话：内蒙古青城市文艺路 18 号 开户行及账号：61-9	备注

收款人：　　复核：　　开票人：　　销货单位（章）

第二联　发票联　购货方记账凭证

48-2

中国工商银行

转账支票存根

支票号码 9343

附加信息

出票日期：2013 年 12 月 16 日

收款人：宏瑞公司

金　额：¥46800.00

用　途：购设备

单位主管　　会计

48-3

华美公司固定资产验收单

2013 年 12 月 16 日　　第 6 号

总编号			
名称	设备	型号	1090f
规格			
国别	中国		
出产日期	2010 年 8 月	数量　1	单价　40000.00
总价	46800.00	发票号码 78775	经费来源　自筹
销售单	宏瑞公司		使用方法　车间
附件	一张		新旧程度　新
备注			

资产管理部门：周元　资产使用部门：郑明　经办人：王子文　保管员：田佳

49-1

华美公司成品入库

2013 年 12 月 16 日

编号	名称	单位	数量	单位成本	金额
	甲产品	千克	5150	5.00	25750.00
	合计				25750.00

车间负责人：李伟　仓库经办人：李明　制单：王娟

49-2

华美公司成品入库

2013 年 12 月 16 日

编号	名称	单位	数量	单位成本	金额
	乙产品	千克	7500	3.00	22500.00
	合计				22500.00

车间负责人：李伟　仓库经办人：李明　制单：王娟

50-1

中国工商银行
转账支票存根
支票号码 9341
附加信息

出票日期：2013 年 12 月 16 日

收款人：瑞强公司
金　　额：￥2340.00
用　　途：归还购货款

单位主管　　会计

50-2

中国工商银行
转账支票存根
支票号码 9342
附加信息

出票日期：2013 年 12 月 16 日

收款人：半山公司
金　　额：￥11466.00
用　　途：归还购货款

单位主管　　会计

51-1

中国工商银行
转账支票存根
支票号码 0013492
附加信息

出票日期：2013 年 12 月 17 日

收款人：青城市科技局
金　　额：￥500
用　　途：会议费

单位主管　　会计

51-2

科技局收据

2013 年 12 月 17 日

项目：会议费	
单位：华美公司	
金额：人民币伍佰元整　　500	
备注	
科技局	公章　　收款人：周显军　2013 年 12 月 17 日

52-1

中国工商银行进账单（收账通知）

委托日期：2013 年 12 月 17 日　　第 5674 号

付款人	全称	红梅公司	收款人	全称	华美有限公司
	账号	61-4		账号	244-778
	开户行	建设银行		开户行	工商银行
人民币（大写）	壹万玖仟捌佰玖拾元整		百 十 万 千 百 十 元 角 分		¥ 1 9 8 9 0 0 0
票据种类	转支		收款人开户行盖章		
票据张数	1	凭证张数			
主管　会计　复核　记账					

52-2

内蒙古自治区增值税专用发票

发票联

开票日期：2013 年 12 月 17 日　　No.98887

购货单位	名称：红梅公司 纳税人识别号：6786738 地址，电话：红星路 18 号 开户行及账号：中国工商银行红旗路 61-9						
货物或应税劳务名称	单位	数量	单价	金额	税率	税额	
乙产品	千克	1500	6.00	9000.00	17%	1530.00	
甲产品	千克	1000	8.00	8000.00		1360.00	
合计							
价税合计（大写）壹万玖仟捌佰玖拾元整　（小写）19890.00							
销货单位	名称：华美公司 纳税人识别号：222238 地址，电话：青城市红星路 18 号 开户行及账号：89-12			备注			
收款人：李佳明	复核：孙亚		开票人：周明		销货单位（章）		

第二联 发票联 购货方记账凭证

53-1

中国工商银行

转账支票存根

支票号码 7869

附加信息

出票日期：2013 年 12 月 18 日

收款人：华银公司

金　额：￥52582.00

用　途：归还购货款

单位主管　　会计

54-1

中国工商银行

转账支票存根

支票号码 9345

附加信息

出票日期：2013 年 12 月 18 日

收款人：半山公司

金　额：￥23366.00

用　途：付购货款

单位主管　　会计

54-2

内蒙古自治区增值税专用发票

发票联

开票日期：2013 年 12 月 18 日　　　　No.78987

购货单位	名称：华美公司 纳税人识别号：222238 地址，电话：红星路 18 号 开户行及账号：中国工商银行红旗路银行 89-12

货物或应税劳务名称	单位	数量	单价	金额	税率	税额
D 材料	千克	20000	0.99	19800	17%	3366
合计				19800		3366
价税合计（大写）贰万叁仟壹佰陆拾陆元整　（小写）23166						

销货单位	名称：半山公司 纳税人识别号：135778 地址，电话：湖南青城市人民路 38 号 开户行及账号：0175	备注

收款人：李铁　　复核：王军　　开票人：赵梅　　销货单位（章）

第二联　发票联　购货方记账凭证

54-3

运费结算证

承运单位：永久货运公司　　2013 年 12 月 16 日

托运单位：华美公司	
运费金额：（大写）人民币贰佰元整	200
货物：材料 100 件	
验收：按单验收无误	验收人签章：谢红香
财会	

54-4

华美公司收料单

材料类别：原材料　　验收日期：2013 年 12 月 18 日　　第 6787 号

发票号码	材料名称	规格	计量单位	购进			验收		
				数量	单价	金额	数量	单价	金额
	D 材料		千克	20000	0.99	14800.00	20000	1.00	20000.00
购货单位	华银公司		运杂费 200.00			采购员姓名		刘明	
备注		合计 20000.00				附单据			

供销科长：赵卫　　仓库会计：刘俊　　保管员：王娟　　复核：李明　　制单：王娟

55-1

内蒙古自治区增值税专用发票

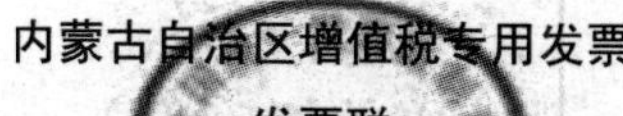

发票联

开票日期：2013 年 12 月 18 日　　No.98965

购货单位	名称：宏瑞公司 纳税人识别号：6785430 地址，电话：红星路 18 号 开户行及账号：中国工商银行红旗路 61-9					
货物或应税劳务名称	单位	数量	单价	金额	税率	税额
乙产品	千克	2500	6.00	15000.00	17%	2550.00
甲产品	千克	2500	8.00	20000.00		3400.00
合计						
价税合计（大写）肆万零玖佰伍拾元整			（小写）40950.00			
销货单位	名称：华美公司 纳税人识别号：222238 地址，电话：青城市红星路 18 号 开户行及账号：89-12		备注			

收款人：李佳明　　复核：孙亚　　开票人：周明　　销货单位（章）

第二联 发票联 购货方记账凭证

青城华美公司 财务专用章

56-1

内蒙古自治区增值税专用发票

发票联

开票日期：2013 年 12 月 19 日　　No.78482

购货单位	名称：华美公司 纳税人识别号：222238 地址，电话：红星路 18 号 开户行及账号：中国工商银行红旗路银行 89-12					
货物或应税劳务名称	单位	数量	单价	金额	税率	税额
A 材料	千克	8000	1.98	15840	17%	2692.00
B 材料	千克	2000	2.48	49600		843.00
合计				20800		35336
价税合计（大写）贰万肆仟叁佰叁拾陆元整　（小写）24336.00						
销货单位	名称：华银公司 纳税人识别号：5135788 地址，电话：湖南青城市人民路 25 号 开户行及账号：81-98			备注		

收款人：尹静　　复核：赵艳　　开票人：罗生　　销货单位（章）

第二联　发票联　购货方记账凭证

56-2

运费结算证

承运单位：顺达运业　　2013 年 12 月 19 日

托运单位：华美公司	
运费金额：（大写）人民币贰佰元整	200
货物：材料 100 件	
验收：按单验收无误	验收人签章：谢红香
财会	

56-3

华美公司内部转账单

转账日期：2013 年 12 月 19 日

子母或户名	摘要	金额
	运杂费按材料重量分摊	
A 材料	8000×200/（8000+2000）=160	160.00
B 材料	2000×200/（8000+2000）=40	40.00
合计金额（大写）人民币贰佰元整		200.00

审核：苏珊　　制单：陈洁

56-4

华美公司收料单

材料类别：原材料　　　　验收日期：2013 年 12 月 19 日　　　　第 6785 号

发票号码	材料名称	规格	计量单位	购进			验收		
				数量	单价	金额	数量	单价	金额
	B 材料		千克	8000	1.98	15840.00	8000	2.00	16000.00
购货单位	华银公司		运杂费 160.00			采购员姓名		王强	
备注		合计 16000.00				附单据			

供销科长：赵卫　　仓库会计：刘俊　　保管员：王娟　　复核：李明　　制单：王娟

56-5

华美公司收料单

材料类别：原材料　　　　验收日期：2013 年 12 月 19 日　　　　第 6786 号

发票号码	材料名称	规格	计量单位	购进			验收		
				数量	单价	金额	数量	单价	金额
	B 材料		千克	2000	2.48	4960.00	2000	2.50	5000.00
购货单位	华银公司		运杂费 40.00			采购员姓名		周锦	
备注		合计 5000.00				附单据			

供销科长：赵卫　　仓库会计：刘俊　　保管员：王娟　　复核：李明　　制单：王娟

57-1

华美公司领料单

领料单位：　　　　2013 年 12 月 19 日　　　　No.690

材料名称	单位	出库数量	实发数量	单价	金额								备注
					十	万	千	百	十	元	角	分	
D 材料	千克	20000	20000	1.00		2	0	0	0	0	0	0	
生产批次			用途　用于乙产品生产										
生产项目													

会计：刘俊　　记账：李明　　发料：王娟　　主管：李伟　　领料人：赵可

58-1

华美公司差旅费报销单

姓名：尚进　　2013 年 12 月 20 日

起止日期	火车费	途中补助　住宿费	住勤补助	杂费　合计	单据
12 月 10 日	80.00	20.00		100.00	2
12 月 11-15 日		550.00	100.00	50.00　700.00	15
12 月 16 日	80.00	20.00			2
合计	160.00	40.00　550.00	100.00	50.00　900.00	19
合计核销金额（大写）	玖佰元整 900.00　备注：原借款 800 元，报销 900 元　垫付 100 元以现金付讫				

领导签字：同意报销　张和　　报销人：尚进

59-1

内蒙古自治区增值税专用发票

发票联

开票日期：2013 年 12 月 20 日　　No.78433

购货单位	名称：华美公司 纳税人识别号：222238 地址，电话：红星路 18 号 开户行及账号：中国工商银行红旗路 80-12						
货物或应税劳务名称	单位	数量	单价	金额	税率	税额	
C 材料	千克	400	20.00	8000.00	17%	1360.00	
合计						1360.00	
价税合计（大写）玖仟叁佰陆拾元整　（小写）9360.00							
销货单位	名称：瑞强公司 纳税人识别号：713768 地址，电话：青城市沿江路 12 号 开户行及账号：115-6	备注					
收款人：孔明　复核：李想　开票人：尹杰　销货单位（章）							

第二联　发票联　购货方记账凭证

59-2

中国工商银行

转账支票存根

支票号码 9346

附加信息

出票日期：2013 年 12 月 20 日

收款人：瑞强公司

金　额：￥9360.00

用　途：付材料款

单位主管　会计

59-3

华美公司收料单

材料类别：原材料　验收日期：2013 年 12 月 20 日　第 6788 号

<table>
<tr><td rowspan="2">发票号码</td><td rowspan="2">材料名称</td><td rowspan="2">规格</td><td rowspan="2">计量单位</td><td colspan="3">购进</td><td colspan="3">验收</td></tr>
<tr><td>数量</td><td>单价</td><td>金额</td><td>数量</td><td>单价</td><td>金额</td></tr>
<tr><td></td><td>C 材料</td><td></td><td>千克</td><td>400</td><td>20.00</td><td>8000.00</td><td>400</td><td>20</td><td>8000.00</td></tr>
<tr><td>购货单位</td><td colspan="5">华银公司　运杂费</td><td colspan="2">采购员姓名</td><td colspan="2">王强</td></tr>
<tr><td colspan="2">备注</td><td colspan="4">合计 8000.00</td><td colspan="2">附单据</td><td colspan="2"></td></tr>
</table>

供销科长：赵卫　仓库会计：刘俊　保管员：王娟　复核：李明　制单：王娟

60-1

华美公司领料单

领料单位：　2013 年 12 月 20 日　No.6795

<table>
<tr><td rowspan="2">材料名称</td><td rowspan="2">单位</td><td rowspan="2">出库数量</td><td rowspan="2">实发数量</td><td rowspan="2">单价</td><td colspan="8">金　额</td><td rowspan="2">备注</td></tr>
<tr><td>十</td><td>万</td><td>千</td><td>百</td><td>十</td><td>元</td><td>角</td><td>分</td></tr>
<tr><td>A 材料</td><td>千克</td><td>6000</td><td>6000</td><td>2.00</td><td></td><td>1</td><td>2</td><td>0</td><td>0</td><td>0</td><td>0</td><td>0</td><td></td></tr>
<tr><td></td><td></td><td></td><td></td><td></td><td></td><td></td><td></td><td></td><td></td><td></td><td></td><td></td><td></td></tr>
<tr><td colspan="2">生产批次</td><td colspan="2"></td><td colspan="10" rowspan="2">用途　用于甲产品生产</td></tr>
<tr><td colspan="2">生产项目</td><td colspan="2"></td></tr>
</table>

会计：刘俊　记账：李明　发料：王娟　主管：李伟　领料人：赵可

60-2

华美公司领料单

领料单位：　　　　2013 年 12 月 20 日　　　　No.6796

材料名称	单位	出库数量	实发数量	单价	金额								备注
					十	万	千	百	十	元	角	分	
B 材料	千克	2000	2000	2.50			5	0	0	0	0	0	
生产批次			用途　用于甲产品生产										
生产项目													

会计：刘俊　　记账：李明　　发料：王娟　　主管：李伟　　领料人：赵可

61-1

华美公司领料单

领料单位：　　　　2013 年 12 月 20 日　　　　No.6791

材料名称	单位	出库数量	实发数量	单价	金额								备注
					十	万	千	百	十	元	角	分	
A 材料	千克	200	200	2.00				4	0	0	0	0	
生产批次			用途　用于乙产品生产										
生产项目													

会计：刘俊　　记账：李明　　发料：王娟　　主管：李伟　　领料人：赵可

61-2

华美公司领料单

领料单位：　　　　2013 年 12 月 20 日　　　　No.6792

材料名称	单位	出库数量	实发数量	单价	金额								备注
					十	万	千	百	十	元	角	分	
C 材料	千克	8	8	20.00				1	6	0	0	0	
生产批次			用途　用于乙产品生产										
生产项目													

会计：刘俊　　记账：李明　　发料：王娟　　主管：李伟　　领料人：赵可

61-3

华美公司领料单

领料单位：　　　　　　　　2013 年 12 月 20 日　　　　　　　　No.6793

材料名称	单位	出库数量	实发数量	单价	金额								备注
					十	万	千	百	十	元	角	分	
B 材料	千克	300	300	2.50				7	5	0	0	0	
生产批次			用途　用于乙产品生产										
生产项目													

会计：刘俊　　记账：李明　　发料：王娟　　主管：李伟　　领料人：赵可

62-1

中国工商银行进账单（收账通知）

委托日期：2013 年 12 月 21 日　　　　　　　　第 6554 号

付款人	全称	宏瑞公司	收款人	全称	华美有限公司
	账号	61-9		账号	244-778
	开户行	建设银行		开户行	工商银行

人民币（大写）	百	十	万	千	百	十	元	角	分
肆万零玖佰伍拾元整		¥	4	0	9	5	0	0	0

票据种类	转支		收款人开户行盖章
票据张数	1	凭证张数	
主管　会计　复核　记账			

中国工商银行红星路支行 转讫章

63-1

内蒙古自治区增值税专用发票

发票联

开票日期：2013 年 12 月 21 日　　　　　　No.98905

购货单位	名称：红星公司 纳税人识别号：6786912 地址，电话：团结路办事处 8 号 开户行及账号：中国工商银行红旗路 80-12						
货物或应税劳务名称	单位	数量	单价	金额	税率	税额	
甲产品	千克	2000	8.00	16000.00	17%	2720.00	
合计						2720.00	
价税合计（大写）壹万捌仟柒佰贰拾元整　　（小写）18720.00							
销货单位	名称：华美公司 纳税人识别号：222238 地址，电话：青城市红旗路 12 号 开户行及账号：89-12		备注				

收款人：李佳明　　复核：孙亚　　开票人：周明　　销货单位（章）

青城华美公司 财务专用章

第二联 发票联 购货方记账凭证

63-2

中国工商银行进账单（收账通知）

委托日期：2013 年 12 月 21 日　　第 6543 号

付款人	全称	红星公司	收款人	全称	华美有限公司
	账号	61-5		账号	244-778
	开户行	建设银行		开户行	工商银行

人民币（大写）	百	十	万	千	百	十	元	角	分
壹万捌仟柒佰贰拾元整		¥	1	8	7	2	0	0	0

票据种类	转支			收款人开户行盖章
票据张数	1	凭证张数		中国工商银行红星路支行 转讫章
主管	会计	复核	记账	

64-1

华美公司成品入库

2013 年 12 月 22 日　　No.966

编号	名称	单位	数量	单位成本	金额
	甲产品	千克	5400	5.00	27000.00
	合计				27000.00

车间负责人：李伟　　仓库经办人：李明　　制单：王娟

64-2

华美公司成品入库

2013 年 12 月 22 日　　No.965

编号	名称	单位	数量	单位成本	金额
	乙产品	千克	5500	3.00	16500.00
	合计				16500.00

车间负责人：李伟　　仓库经办人：李明　　制单：王娟

65-1

内蒙古自治区增值税专用发票

发票联

开票日期：2013 年 12 月 22 日 No.98923

购货单位	名称：红梅公司 纳税人识别号：6777791 地址，电话：步行街办事处 16 号 开户行及账号：中国工商银行红旗路 67-4						
货物或应税劳务名称	单位	数量	单价	金额	税率	税额	
乙产品	千克	3000	6.00	18000.00	17%	3060.00	
合计						3060.00	
价税合计（大写）贰万壹仟零陆拾元整			（小写）21060.00				
销货单位	名称：华美公司 纳税人识别号：222238 地址，电话：青城市红旗路 12 号 开户行及账号：89-12		备注				
收款人：李佳明 复核：孙亚 开票人：周明 销货单位（章）							

第二联 发票联 购货方记账凭证

65-2

内蒙古自治区增值税专用发票

发票联

开票日期：2013 年 12 月 22 日 No.98945

购货单位	名称：红梅公司 纳税人识别号：6777791 地址，电话：步行街办事处 16 号 开户行及账号：中国工商银行红旗路 67-4						
货物或应税劳务名称	单位	数量	单价	金额	税率	税额	
甲产品	千克	1000	8.00	8000.00	17%	1360.00	
合计						1360.00	
价税合计（大写）玖仟叁佰陆拾元整			（小写）9360.00				
销货单位	名称：华美公司 纳税人识别号：222238 地址，电话：青城市红旗路 12 号 开户行及账号：89-12		备注				
收款人：李佳明 复核：孙亚 开票人：周明 销货单位（章）							

第二联 发票联 购货方记账凭证

66-1

华美公司领料单

领料单位：　　2013 年 12 月 13 日　　No.6796

材料名称	单位	出库数量	实发数量	单价	金额								备注
					十	万	千	百	十	元	角	分	
A 材料	千克	5000	5000	2.00		1	0	0	0	0	0	0	
生产批次			用途　用于甲产品生产										
生产项目													

会计：刘俊　　记账：李明　　发料：王娟　　主管：李伟　　领料人：赵可

66-2

华美公司领料单

领料单位：　　2013 年 12 月 23 日　　No.6797

材料名称	单位	出库数量	实发数量	单价	金额								备注
					十	万	千	百	十	元	角	分	
B 材料	千克	7000	7000	2.50		1	7	5	0	0	0	0	
生产批次			用途　用于甲产品生产										
生产项目													

会计：刘俊　　记账：李明　　发料：王娟　　主管：李伟　　领料人：赵可

66-3

华美公司领料单

领料单位：　　2013 年 12 月 23 日　　No.6798

材料名称	单位	出库数量	实发数量	单价	金额								备注
					十	万	千	百	十	元	角	分	
C 材料	千克	170	170	20.00			3	4	0	0	0	0	
生产批次			用途　用于甲产品生产										
生产项目													

会计：刘俊　　记账：李明　　发料：王娟　　主管：李伟　　领料人：赵可

67-1

华美公司内部转账单

转账日期：2013 年 12 月 23 日

子母或户名	摘要	金额
车间	市内交通费	1800.00
厂部	市内交通费	500.00
合计金额（大写）人民币贰仟叁佰元整		2300.00

审核：苏珊　　制单：陈洁

67-2

中国工商银行
转账支票存根
支票号码 543287
附加信息

出票日期：2013 年 12 月 23 日

收款人：市汽车公司
金　额：￥2300.00
用　途：市内乘车月票款

单位主管　　　　会计

68-1

中国工商银行
转账支票存根
支票号码 78654
附加信息

出票日期：2013 年 12 月 24 日

收款人：人民广播电视台
金　额：￥1000.00
用　途：付广告费

单位主管　　　　会计

68-2

青城市广播电视台收据

2013 年 12 月 25 日　　　　No.564

今收到：华美公司			
人民币：壹仟元整			
系付：广告费			
单位盖章	会计：姚兰	出纳：向辉	经手人：李艳

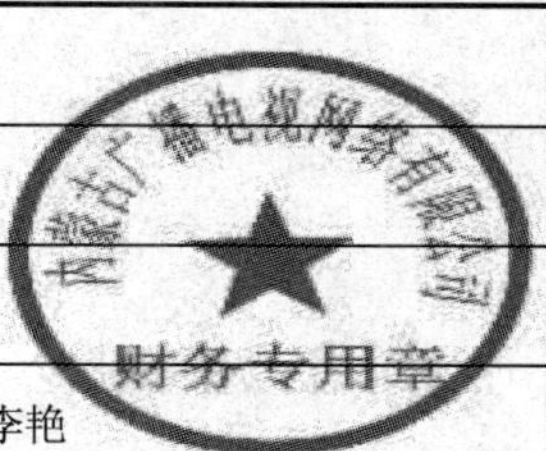

69-1

中国工商银行进账单（收账通知）

委托日期：2013 年 12 月 21 日　　第 2675 号

<table>
<tr><td rowspan="3">付款人</td><td>全称</td><td>宏瑞公司</td><td rowspan="3">收款人</td><td colspan="4">全称</td><td colspan="5">华美有限公司</td></tr>
<tr><td>账号</td><td>61-9</td><td colspan="4">账号</td><td colspan="5">244-778</td></tr>
<tr><td>开户行</td><td>建设银行</td><td colspan="4">开户行</td><td colspan="5">工商银行</td></tr>
<tr><td colspan="3" rowspan="2">人民币（大写）　壹万元整</td><td>百</td><td>十</td><td>万</td><td>千</td><td>百</td><td>十</td><td>元</td><td>角</td><td>分</td></tr>
<tr><td></td><td>¥</td><td>1</td><td>0</td><td>0</td><td>0</td><td>0</td><td>0</td><td>0</td></tr>
<tr><td>票据种类</td><td colspan="2">转支</td><td colspan="9" rowspan="3">收款人开户行盖章
中国工商银行红星路支行转讫章</td></tr>
<tr><td>票据张数　1</td><td colspan="2">凭证张数</td></tr>
<tr><td colspan="3">主管　会计　复核　记账</td></tr>
</table>

69-2

内蒙古自治区增值税专用发票

发票联

开票日期：2013 年 12 月 24 日　　No.98567

<table>
<tr><td>购货单位</td><td colspan="7">名称：宏瑞公司
纳税人识别号：6785430
地址，电话：文艺路办事处 18 号
开户行及账号：61-9</td></tr>
<tr><td colspan="2">货物或应税劳务名称</td><td>单位</td><td>数量</td><td>单价</td><td>金额</td><td>税率</td><td>税额</td></tr>
<tr><td colspan="2">乙产品</td><td>千克</td><td>2000</td><td>6.00</td><td>12000.00</td><td>17%</td><td>2040.00</td></tr>
<tr><td colspan="2">合计</td><td></td><td></td><td></td><td></td><td></td><td>2040.00</td></tr>
<tr><td colspan="8">价税合计（大写）壹万肆仟零肆拾元整　　（小写）14040.00</td></tr>
<tr><td>销货单位</td><td colspan="4">名称：华美公司
纳税人识别号：222238
地址，电话：青城市红旗路 12 号
开户行及账号：89-12</td><td colspan="3">备注
青城华美公司 财务专用章</td></tr>
<tr><td colspan="8">收款人：李佳明　　复核：孙亚　　开票人：周明　　销货单位（章）</td></tr>
</table>

第二联 发票联 购货方记账凭证

69-3

内蒙古自治区增值税专用发票

发票联

开票日期：2013 年 12 月 24 日　　No.89660

购货单位	名称；宏瑞公司 纳税人识别号：6785430 地址，电话：文艺路办事处 18 号 开户行及账号：61-9						
货物或应税劳务名称	单位	数量	单价	金额	税率	税额	
甲产品	千克	2000	8.00	16000.00	17%	2720.00	
合计						2720.00	
价税合计（大写）壹万捌仟柒佰贰拾元整			（小写）18720.00				
销货单位	名称：华美公司 纳税人识别号：222238 地址，电话：青城市红旗路 12 号 开户行及账号：89-12		备注				
收款人：李佳明	复核：孙亚		开票人：周明		销货单位（章）		

第二联 发票联　购货方记账凭证

（印章：青城华美公司 财务专用章）

70-1

中国工商银行进账单（收账通知）

委托日期：2013 年 12 月 26 日　　第 2554 号

付款人	全称	红梅公司	收款人	全称	华美有限公司
	账号	61-4		账号	244-778
	开户行	建设银行		开户行	工商银行

人民币（大写）	百	十	万	千	百	十	元	角	分
叁万零肆佰贰拾元整		¥	3	0	4	2	0	0	0

票据种类		转支		收款人开户行盖章
票据张数	1	凭证张数		
主管	会计	复核	记账	

（印章：中国工商银行红星路支行 转讫章）

71-1

中国工商银行
转账支票存根
支票号码 9348
附加信息

出票日期：2013 年 12 月 26 日

收款人：市保险公司
金　额：￥12000.00
用　途：2011 年财产保险费

单位主管　　会计

71-2

市保险公司收据

2013 年 12 月 26 日　　No.564

今收到：华美公司
人民币：壹万贰仟元整　　12000
系付：2011 年财产保险费
单位盖章　　会计：彭春花　　出纳：杨一民　　经手人：杜鹏

内蒙古保险公司 财务专用章

72-1

中国工商银行
转账支票存根
支票号码 9349
附加信息

出票日期：2013 年 12 月 26 日

收款人：华银公司
金　额：￥24536.00
用　途：归还购货款

单位主管　　会计

73-1

中国工商银行

转账支票存根

支票号码 6754

附加信息

出票日期：2013 年 12 月 27 日

收款人：光明供电公司

金　额：￥3000.00

用　途：付电费

单位主管　　　　会计

73-2

华美公司内部转账单

电费分摊　　　　转账日期：2013 年 12 月 27 日

子母或户名	摘要	金额
车间	按仪表记录分配	2200.00
厂部	按仪表记录分配	800.00
合计金额（大写）人民币叁仟元整		3000.00

73-3

青城市供电公司电费结算单

用户：华美公司　　　　2013 年 12 月 27 日　　　　No.7879

用电量（度）	每度单价	金额（元）	备注
1200	0.25	3000.00	
金额（大写）人民币叁仟元整			

青城供电公司 财务专用章

73-4

青城市供水公司电费结算单

用户：华美公司　　2013 年 12 月 27 日　　No.7812

用水量（吨）	每吨单价	金额（元）	备注
1400	0.20	2800.00	青城供水公司 财务专用章
金额（大写）人民币贰仟捌佰元整			

73-5

中国工商银行

转账支票存根

支票号码 9351

附加信息

出票日期：2013 年 12 月 27 日

收款人：吉首自来水公司

金　额：￥2800.00

用　途：付水费

单位主管　　会计

73-6

华美公司内部转账单

水费分摊　　转账日期：2013 年 12 月 27 日

子母或户名	摘要	金额
车间	按仪表记录分配	1790.00
厂部	按仪表记录分配	1010.00
合计金额（大写）人民币贰仟捌佰元整		2800.00

审核：苏珊　　制单：陈洁

74-1

内蒙古自治区增值税专用发票

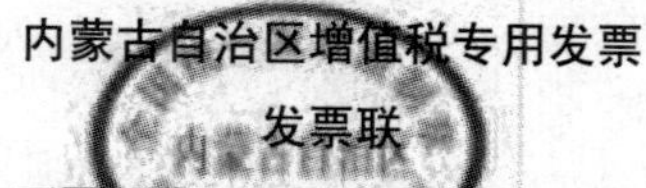

发票联

开票日期：2013 年 12 月 27 日　　No.98957

购货单位	名称：红星公司 纳税人识别号：6786912 地址，电话：团结路办事处 8 号 开户行及账号：中国工商银行红旗路 80-12						
货物或应税劳务名称	单位	数量	单价	金额	税率	税额	
乙产品	千克	1500	6.00	9000.00	17%	1530.00	
合计						1530.00	
价税合计（大写）壹万零伍佰叁拾元整		（小写）10530.00					
销货单位	名称：华美公司 纳税人识别号：222238 地址，电话：青城市红旗路 12 号 开户行及账号：89-12	备注					

收款人：李佳明　　复核：孙亚　　开票人：周明　　销货单位（章）

第二联 发票联 购货方记账凭证

74-2

内蒙古自治区增值税专用发票

发票联

开票日期：2013 年 12 月 27 日　　No.98957

购货单位	名称：红星公司 纳税人识别号：6786912 地址，电话：团结路办事处 8 号 开户行及账号：中国工商银行红旗路 80-12						
货物或应税劳务名称	单位	数量	单价	金额	税率	税额	
甲产品	千克	1500	8.00	12000.00	17%	2040.00	
合计						2040.00	
价税合计（大写）壹万肆仟零肆拾元整		（小写）14040.00					
销货单位	名称：华美公司 纳税人识别号：222238 地址，电话：青城市红旗路 12 号 开户行及账号：89-12	备注					

收款人：李佳明　　复核：孙亚　　开票人：周明　　销货单位（章）

第二联 发票联 购货方记账凭证

75-1

中国工商银行

转账支票存根

支票号码 6758

附加信息

出票日期：2013 年 12 月 28 日

收款人：半山公司

金　额：￥9346.40

用　途：付购货款

单位主管　　　　会计

75-2

内蒙古自治区增值税专用发票

发票联

开票日期：2013 年 12 月 28 日　　　　No.78987

购货单位	名称：华美公司 纳税人识别号：222238 地址，电话：红星路 18 号 开户行及账号：中国工商银行红旗路银行 89-12						
货物或应税劳务名称	单位	数量	单价	金额	税率	税额	
D 材料	千克	8000	0.99	7920	17%	1346.40	
合计				7920		1346.40	
价税合计（大写）玖仟贰佰陆拾陆元肆角整　（小写）9266.40							
销货单位	名称：半山公司 纳税人识别号：135778 地址，电话：湖南青城市人民路 38 号 开户行及账号：0175				备注		

收款人：李铁　　复核：王军　　开票人：赵梅　　销货单位（章）

第二联　发票联　购货方记账凭证

75-3

运费结算证

承运单位：顺达运业　　2013 年 12 月 19 日

托运单位：华美公司	
运费金额：（大写）人民币捌拾元整	80
货物：材料 20 件	
验收：按单验收无误	验收人签章：谢红香
财会	

76-1

内蒙古自治区增值税专用发票

发票联

开票日期：2013 年 12 月 29 日　　No.98221

购货单位	名称：红梅公司 纳税人识别号： 6777791 地址，电话：步行街办事处 16 号 开户行及账号：中国工商银行红旗路 67-4					
货物或应税劳务名称	单位	数量	单价	金额	税率	税额
乙产品	千克	4150	6.00	24900.00	17%	4233.00
合计						4233.00
价税合计（大写）贰万玖仟壹佰叁拾叁元整	（小写）29133.00					
销货单位	名称：华美公司 纳税人识别号：222238 地址，电话： 青城市红旗路 12 号 开户行及账号：89-12	备注				
收款人：李佳明	复核：孙亚	开票人：周明	销货单位（章）			

第二联 发票联 购货方记账凭证

76-2

内蒙古自治区增值税专用发票

发票联

开票日期：2013 年 12 月 29 日　　　　No.98443

购货单位	名称：红梅公司 纳税人识别号：6777791 地址，电话：步行街办事处 16 号 开户行及账号：中国工商银行红旗路 67-4						
货物或应税劳务名称	单位	数量	单价	金额	税率	税额	
甲产品	千克	4500	8.00	36000.00	17%	6120.00	
合计						6120.00	
价税合计（大写）肆万贰仟壹佰贰拾元整			（小写）42120.00				
销货单位	名称：华美公司 纳税人识别号：222238 地址，电话：青城市红旗路 12 号 开户行及账号：89-12			备注	青城华美公司 财务专用章		
收款人：李佳明	复核：孙亚		开票人：周明		销货单位（章）		

第二联 发票联 购货方记账凭证

76-3

中国工商银行进账单（收账通知）

委托日期：2013 年 12 月 29 日　　　　第 2555 号

付款人	全称	红梅公司	收款人	全称	华美有限公司
	账号	67-4		账号	244-778
	开户行	建设银行		开户行	工商银行

人民币（大写）	百	十	万	千	百	十	元	角	分
柒万壹仟贰佰伍拾元整		¥	7	1	2	5	0	0	0

票据种类	转支		收款人开户行盖章
票据张数	1	凭证张数	中国工商银行红星路支行 转讫章
主管　会计　复核　记账			

77-1

内蒙古自治区增值税专用发票

发票联

开票日期：2013 年 12 月 29 日　　　　No.98776

购货单位	名称：华美公司 纳税人识别号：222238 地址，电话：红星路 18 号 开户行及账号：中国工商银行红旗路银行 89-12						
货物或应税劳务名称	单位	数量	单价	金额	税率	税额	
A 材料	千克	3000	1.98	5940	17%	1009.80	
合计				5940		1009.80	
价税合计（大写）陆仟玖佰肆拾玖元整　（小写）6949.80							
销货单位	名称：富强公司 纳税人识别号：4135758 地址，电话：湖南青城市平安路 20 号 开户行及账号：0188					备注	

收款人：贾婷　　复核：向阳　　开票人：邓蕾　　销货单位（章）

第二联　发票联　购货方记账凭证

77-2

运费结算证

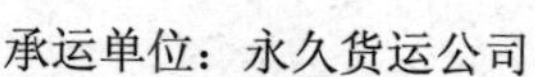

承运单位：永久货运公司　　2013 年 12 月 29 日

托运单位：华美公司	
运费金额：（大写）人民币陆拾元整	60
货物：材料 20 件	
验收：按单验收无误	验收人签章：田军
财会	

77-3

华美公司收料单

材料类别：原材料　　验收日期：2013 年 12 月 29 日　　第 8464 号

发票号码	材料名称	规格	计量单位	购进			验收		
				数量	单价	金额	数量	单价	金额
	A 材料		千克	3000	1.98	5940.00	3000	2.00	6000.00
购货单位		华银公司	运杂费 60.00			采购员姓名		周锦	
备注		合计 6000.00				附单据			

供销科长：赵卫　　仓库会计：刘俊　　保管员：王娟　　复核：李明　　制单：王娟

78-1

中国工商银行借款偿还凭证

2013 年 12 月 29 日　　　　编号 9878

放款账号 5-11	户名	还款金额　　利息	金额
往来账号 89-12	华美公司		万 千 百 十 元 角 分 8 3 0 0 0 0 0
金额（大写）人民币捌万元整			
利率	月息%	上列款项从你单位账户内支出 偿还流动资金借款	复核　记账 转账日期 2013 年 12 月 29 日
加息	%		

（印章：中国工商银行红星路支行 转讫章）

第三联　交还款单位

79-1

华美公司内部转账单

转账日期：2013 年 12 月 30 日

子母或户名	摘要	金额
车间	固定资产折旧	5800.00
厂部	固定资产折旧	2200.00
合计金额（大写）人民币贰仟捌佰元整		8000.00

审核：苏珊　　　　制单：陈洁

80-1

华美公司内部转账单

转账日期：2013 年 12 月 30 日

子目或户名	摘要	金额
甲产品—工资	本月应付生产工人工资转账	8000.00
乙产品—工资	本月应付生产工人工资转账	7000.00
车间管理人员工资	本月应付生产工人工资转账	2700.00
企管及科技人员工资	本月应付生产工人工资转账	2300.00
合计金额（大写）人民币贰万元整		20000.00

审核：苏珊　　　　制单：陈洁

80-2

华美公司内部转账单

转账日期：2013 年 12 月 30 日

子母或户名	摘要	金额
工资	本月应付职工薪酬总额	20000.00
合计金额（大写）人民币贰万元整		20000.00

审核：苏珊　　　　制单：陈洁

81-1

华美公司内部转账单

转账日期：2013 年 12 月 30 日

子目或户名	摘要	金额
甲产品	8000×14%提福利费	1120.00
乙产品	7000×14%提福利费	980.00
车间	2700×14%提福利费	378.00
企管及科技	2300×14%提福利费	322.00
合计金额（大写）人民币贰仟捌佰元整		2800.00

审核：苏珊　　制单：陈洁

82-1

华美公司内部转账单

转账日期：2013 年 12 月 30 日

子母或户名	摘要	金额
计提利息	本月银行借款利息 600 元转账	600.00
合计金额（大写）人民币陆佰元整		600.00

审核：苏珊　　制单：陈洁

82-2

华美公司内部转账单

转账日期：2013 年 12 月 30 日

子母或户名	摘要	金额
计提利息	冲 10/11 两个月预提借款利息	1200.00
合计金额（大写）人民币壹仟贰佰元整		1200.00

审核：苏珊　　制单：陈洁

82-3

中国工商银行贷款利息通知单（第一联：交款通知）

2013 年 12 月 30 日　　转 556 号

项目	户名	账号	贷款种类	积数金额	利息%	利息金额
贷款	华美公司	81-99	生产周转贷款			1800
利息金额合计人民币（大写）壹仟捌佰元整						1800
计息期 10-12 月	上列贷款利息已从贵单位存款账户如数支付，请立即入账					

中国工商银行 红星路支行 转讫章

83-1

中国工商银行
转账支票存根
支票号码 9353
附加信息

出票日期：2013 年 12 月 30 日

收款人：民政救灾中心
金　额：￥8000.00
用　途：救济

单位主管　　会计

84-1

收据

2013 年 12 月 30 日　　第 12 号

交款单位　　交款人：张进才
交款事由　违章罚款
人民币（大写）　壹佰元整　　￥100
收款单位　　会计主管　　收款人：李佳明

84-2

罚款通知单

第 56 号

财务科：

本公司职工张进才因违规操作，经上级研究决定，对其罚款人民币壹佰元整

华美公司行政科
2013 年 12 月 30 日

85-1

利润分配利得表

根据我公司与被投资企业合同规定，分得税后利润人民币陆万伍仟元整

财务科长：钟训

2013 年 12 月 30 日

85-2

中国工商银行进账单（收账通知）

委托日期：2013 年 12 月 30 日　　第 675 号

付款人	全称	三亚公司	收款人	全称	华美有限公司
	账号	7072		账号	244-778
	开户行	建设银行		开户行	工商银行

人民币（大写）	百	十	万	千	百	十	元	角	分
陆万伍仟元整		¥	6	5	0	0	0	0	0

票据种类	转支			收款人开户行盖章
票据张数	1	凭证张数		中国工商银行 红星路支行 转讫章
主管　会计　复核　记账				

86-1

华美公司制造费用分配表

2013 年 12 月 31 日

产品名称	分配标准（按生产工人工资）	分配率%	分配金额（元）
甲产品	8000		
乙产品	7000		
合计	15000		

审核：苏珊　　制单：陈洁

87-1

华美公司产成品入库单

2013 年 12 月 27 日　　No.5436

编号	名称	单位	数量	单位成本	金额
	甲产品	千克	11200	5.00	56000.00
	乙产品	千克	6100	3.00	18300.00
	合计				74300.00

车间负责人：李伟　　仓库经办人：李明　　制单：王娟

88-1

华美公司销售产品生产成本计算表（带内部转账单）

2013 年 12 月 31 日

产品名称	销售数量　　单位成本	已销产品成本　　金额
甲产品	5.00	
乙产品	3.00	
合计		

审核：苏珊　　　　制单：陈洁

89-1

华美公司内部转账单

转账日期：2013 年 12 月 31 日

子母或户名	摘要	金额
城市维护建设税	计算应交城市维护建设税	1200.00
教育费附加	计算教育费附加	500.00
合计金额（大写）人民币壹仟柒佰元整		1700.00

审核：苏珊　　　　制单：陈洁

参 考 文 献

[1] 葛军．会计学原理．3 版．北京：高等教育出版社，2007.
[2] 赵玉霞．会计学原理．北京：科学出版社，2007.
[3] 徐晔，等．会计学原理．3 版．上海：复旦大学出版社，2007.
[4] 陈国辉，迟旭升．基础会计．大连：东北财经大学出版社，2007.
[5] 许秀敏．基础会计．厦门：厦门大学出版社，2008.
[6] 杨戴，翟继云．基础会计全真实训．北京：电子工业出版社，2014.
[7] 刘淑芬．基础会计项目实训．北京：冶金工业出版社，2010.
[8] 李新．基础会计模拟实训．上海：立信会计出版社，2010.
[9] 杨如梅．会计学基础．北京：北京理工大学出版社，2009.
[10] 黄娟蜀．基础会计综合模拟实训与指导．大连：大连理工大学出版社，2009.